Depende de ti

Xavier Jaramillo

®2022 Editorial Bien-etre.

Publicado por: Editorial Bien-etre.

Diseño de portada: Mary Pérez

Diagramación: Easwara Jiménez

Imágenes: Unsplash

ISBN: 978-9945-636-42-0

Edición: Editorial Bien-etre

Primera edición 2022.

DEPENDE DE TI

Reflexiones de un adolescente que encontró su propósito

DEPENDE DE TI

Reflexiones de un adolescente que encontró su propósito

Xavier Jaramillo

ÍNDICE

CAPÍTULO III

CAPÍTULO IV

CAPÍTULO V

CAPÍTULO VI

AGRADECIMIENTOS

Agradezco de manera muy especial a Keila González Báez por su ayuda y su paciencia conmigo en este proceso para que este libro sea una realidad.

También quiero agradecer a todas las personas que se han cruzado por mi vida, porque sé que, gracias a ellas, he logrado todo lo que tengo por mínimo que sea.

Asimismo, agradezco por las oportunidades, desafíos, derrotas, conquistas y logros que están por venir.

INTRODUCCIÓN

El objetivo de este libro es invitarte a reflexionar a través de mis experiencias, y de todo lo que me ha servido en el camino de ir descubriendo hacia dónde quiero dirigir mi vida, con el fin de que encuentres el tuyo y pueda guiarte hacia tu propósito de vida a temprana edad. Espero que esto también sirva de puente para todos los niños, niñas y adolescentes que deseen hacer de sus vidas algo más significativo y trascendente.

Si aún no conoces cuál es tu pasión, en estos cinco capítulos podrás encontrar una guía para llegar hasta ella o al menos se despertará tu curiosidad. Aprenderás a buscar ese camino con valentía, sin importar las condiciones en las que te encuentres. Así como a indagar y encontrar eso que te motiva a seguir adelante y dejar que las cosas fluyan.

Te contaré sobre temas tales como las señales que te da la vida a través de indicadores, estados de ánimo, energía... y esto te dará luz para seguir el camino; te permitirá tomar conciencia, reflexionar, dejar que las cosas tomen su curso o conocerte desde el fondo de tu ser. Todo esto apoyado en mucha dedicación, lectura, trabajo y experiencia.

Puede que estés pensando en que eres muy joven para estar buscando un propósito de vida, sin embargo, te puedo decir que vinimos a este mundo a cumplir con una misión, a ser felices y si lo hacemos desde muy temprano, ¡mucho mejor! Te recomiendo leer este libro sin expectativas y con muchas ganas de hacer del mundo un lugar mejor.

¿Te animas a vivir esta aventura conmigo?

CAPÍTULO I

¿QUÉ ES ENCONTRAR TU PROPÓSITO DE VIDA A TEMPRANA EDAD?

Antes de responder a esta pregunta, quiero que sepas que no creo tener una varita mágica para que encuentres tu propósito de vida a temprana edad. Lo que sí creo es que compartir lo que me ha servido hasta ahora, podrá ser de valor para ti también.

No te lo voy a negar, no es sencillo; se necesita reflexionar y hacerse las preguntas adecuadas. Por ejemplo, en muchas ocasiones tuve que responderme estas preguntas:

¿Qué quiero hacer?

¿Cómo lo voy a lograr?

¿Para qué lo quiero hacer? ¿Por qué?

¿Quién estará conmigo en esta aventura?

Te invito a hacer lo mismo. Conocer estas respuestas te ayudará a tener la energía suficiente para cumplir con tus metas diarias. Lo más importante es que salgan de tu corazón, no de lo que otras personas quieren o esperan de ti.

Ahora, respecto a la pregunta «¿Qué es encontrar tu propósito de vida a temprana edad?», puedo decirte que es tener la claridad suficiente de lo que quieres y, en consecuencia, vas a obtener o experimentar muchos otros resultados y sentimientos positivos, tales como autocontrol, autoestima, alegría y solidez. Si le haces esta pregunta a diferentes personas, seguramente obtendrás distintas respuestas, que en vez de ayudarte a entender, te van a confundir. Sin embargo, cuando estás en busca de respuestas claras, tienes que investigar y leer bastante para así tener las herramientas necesarias que aplicarás posteriormente. Hay que tener presente que, gracias a la tecnología, las cosas evolucionan más rápido y tú debes hacerlo también.

Lo que te cuento en este libro fue lo que me ayudó en la búsqueda de mi propósito de vida y cómo se fue formando el plan que vengo desarrollando, el cual continuaré haciendo hasta el último segundo de mi existencia. Pero mi intención no es que solo yo lo pueda hacer, por eso quise dirigirme a ti. Definitivamente, si queremos vivir en un mundo mejor, tenemos que aprender a compartir las cosas buenas de la vida. Un mundo que se desarrolle de manera sostenible, con un equilibrio económico y ambiental que priorice al ser humano sobre todas las cosas.

Las escuelas y colegios, junto a sus cuidadores, juegan un papel fundamental. Para esto se necesita un gran compromiso de todos, en especial el tuyo.

Señales del porqué de tu existencia

«Superar las dificultades es experimentar el deleite pleno de la existencia».

Arthur Schopenhauer

El propósito de vida se va adquiriendo en un proceso diario de construcción personal. Vas a percatarte de las señales que te irán indicando el camino hacia el porqué de tu existencia. Leíste bien: señales. La vida te las mostrará y debes aprender a reconocerlas.

Puede que no sepas por qué estás en este mundo, pero sí hay algo que depende de ti: eres la causa de todo lo que te pasa en la vida, tus decisiones afectan eso que muchos llaman destino. Es por esto que debes desarrollarte de forma integral, lo cual es un requisito indispensable en la modelación de tu propósito; esto te facilitará el camino hacia una vida plena.

En este sentido, saber tomar decisiones en el momento preciso es sumamente valioso. Un ejercicio que puedes poner en práctica cuando debas tomar una decisión importante es el de preguntarte: ¿Cómo afectará esta decisión el resto de mi vida? ¿Me acerca o me aleja de mi propósito?

En el camino aprenderás a valorar tus logros y a aceptar tus desaciertos, lo más importante es tener la valentía para empezar aunque el futuro sea incierto. El primer paso siempre será duro, pero si nunca inicias, te quedarás con la duda y nunca vas a acabar.

Importancia de encontrar tu propósito de vida a temprana edad

Decía Séneca: ***«Si un hombre no sabe qué puerto busca, cualquier viento es bueno».*** Si desde la niñez y posterior adolescencia nos preparamos con la ayuda de nuestros padres o tutores, desarrollando la comprensión de las emociones, estaremos mejor equipados para adaptarnos a nuevas y diferentes situaciones con mayor facilidad, dominando el miedo y la angustia. No será tan difícil salir de nuestra zona de confort y encontrar una nueva ruta que nos guíe a un propósito de vida, obteniendo como resultado una vida más productiva con herramientas para enfrentar desafíos y ser más competitivos. Entender esto no es fácil, se requiere de mucho trabajo y disciplina, así como de dar más de lo que la sociedad espera de ti.

Me parece tan improductivo de parte de nuestros antecesores que desde la infancia no nos formen para la vida –al menos en el Ecuador no lo hacen– en un mundo tan globalizado que avanza cada día más rápido. Por ello es importante repensar cómo nos estamos formando y cómo podemos hacer un aporte más significativo. Ya no deberíamos tener sociedades que vivan por sobrevivir, sino aspiraciones más exigentes y elegir a mandatarios capaces de reconocer que el mundo necesita una dirección sin egoísmo, donde todos avancemos de acuerdo a nuestras habilidades, las cuales deben actualizarse de manera permanente para evitar el conformismo.

Si queremos romper paradigmas y ciclos viciosos de pobreza, debemos, desde la juventud, trabajar por una sociedad mundial más justa y humanitaria y, por supuesto, partiendo desde el conocimiento de tu misión de vida.

Nunca perdamos la esperanza de que algún día el mundo sea liderado por los jóvenes más capaces, que entiendan sobre los derechos humanos, los derechos de los jóvenes y de las niñas, niños y adolescentes. ¡Evolucionemos y revolucionemos juntos el mundo!

El mundo avanza y nosotros debemos avanzar con él

Siempre me repito lo siguiente: «La mejor forma de vencer el miedo es enfrentándolo». No permitas que el miedo te detenga.

Entiendo muy bien el pensar de las niñas, niños, adolescentes y jóvenes. Soy un adolescente y sé perfectamente lo que pensamos y lo que queremos. Llevo años de activismo social, alzando la voz de los jóvenes porque nosotros queremos que nos entiendan; estamos perfectamente conscientes de que los tiempos han cambiado.

Las personas también han cambiado su forma de pensar, sin embargo, en Latinoamérica y el Caribe –o por lo menos en Ecuador–, existen muchos adultos que no cambian el chip y siguen pensando que todavía es necesario seguir algunas tradiciones. Por ejemplo, un niño debe comer un montón de comida que le sirven en la mesa, porque dicen que estamos en crecimiento y tenemos que alimentarnos bastante, o que no hay que responder a los adultos así nosotros tengamos la razón; o cuando nos dicen que apaguemos la computadora porque la tenemos mucho tiempo encendida y nos vamos a quedar ciegos. En fin, son un sinnúmero de cosas que podría mencionar y que en muchas ocasiones dificultan que los adolescentes avancemos. No obstante, todo esto tiene solución y es tener respeto hacia los demás, tener autocontrol y estar informados para poder discrepar.

Las niñas, niños, adolescentes y jóvenes de estos tiempos tenemos el gran desafío de enseñar a las generaciones anteriores que estamos más preparados para liderar nuestros espacios, de la mano de la experiencia de nuestros padres y maestros, pero liderado por nosotros, y ese espíritu de liderazgo que tenemos dentro es lo que debemos enseñar a los adultos. Lo mejor sería que nos den su apoyo, porque su respaldo es fundamental.

Deben entender que los tiempos han cambiado y con la escasez de trabajo que se vive en Latinoamérica y el Caribe, las empresas buscan a líderes con algo más que conocimiento. Ya no solo es una hoja de vida la que demuestra lo que sabes, lo que has estudiado o la cantidad de títulos que tienes, también debes demostrarlo y exhibir actitudes que manifiesten que puedes asumir retos. Entonces, se vuelve fundamental encontrar tu propósito de vida a temprana edad, ayudándote con la tecnología de la información y comunicación para que todo quede registrado y puedas demostrar lo que eres, lo que sabes y lo que puedes hacer.

El mundo moderno exige que seamos personas capaces de aportar valores a la sociedad sin esperar nada a cambio.

Aunque diría que, sin lugar a duda, una de las cosas que obtendrás a cambio y de forma positiva es tu crecimiento personal, que es mucho más valioso que cualquier fin económico. Aprender a tener una individualidad responsable y comprometida con tu entorno es un *plus* necesario para que las puertas de las oportunidades se abran.

Todo esto va de la mano con la digitalización, nuestras vidas de hoy en día son cada vez más sociales en las redes. Nosotros conocemos bien esta manera de interactuar, formamos comunidades digitales con personas con nuestros mismos intereses, seguimos marcas, figuras públicas… en fin, estamos inmersos en este mundo digital. Todos tenemos algo que aportar, y con ese «algo» también surge la oportunidad de difundirlo para ofrecer contenido de valor a otros. Cada aporte tendrá su efectividad de distintas formas, unas más notables, otras menos, pero todas serán valiosas.

Todos tenemos un propósito de vida

Tengo claro que a veces es necesario volver a empezar para avanzar.

Cuando me refiero a que todos tenemos un propósito de vida, lo digo de manera literal, porque incluso no tenerlo es un propósito en sí mismo, aunque ese es otro asunto. Volviendo al tema, nuestro propósito de vida muchas veces está esperando ser descubierto. Saber lo que somos y dónde estamos nos llevará a conocer lo que queremos y a dónde aspiramos llegar. De ahí la importancia de dedicarnos el tiempo necesario para desarrollar nuestro plan y alcanzar nuestro propósito.

Algo que debemos tener claro es que una vida sin propósito es una vida que solo se vive por vivir, y en estos días hay que estar conscientes de que con la sobrepoblación no podemos permanecer en modo automático, ocupando espacios sin dar un valor que ayude al planeta.

Tú no descubres tu propósito de vida para dejarlo ahí, lo haces para potenciarlo y expandirlo. Es tu proyecto personal, con una visión a corto, mediano y largo plazo que irás construyendo con base en tus fortalezas, adquiridas a través de tu educación y tu experiencia. Recuerda que uno de tus fuertes también será conocer tus debilidades.

Una manera de descubrir tu propósito de vida a temprana edad es darte cuenta de en cuáles de las habilidades que posees te desempeñas mejor y te da la energía suficiente para aportar a tu entorno. En esto debes tomarte el tiempo suficiente, ya que a veces pensamos que somos hábiles en algo, pero en realidad eso no se exterioriza y no logramos dar una percepción de seguridad de lo que hacemos o queremos.

Recuerda siempre que el principal aliado en la búsqueda, acoplamiento, funcionamiento y desarrollo de tu propósito de vida eres tú.

Descúbrete

El refrán ***«Más vale malo conocido que bueno por conocer»*** nos motiva a conservar lo que tenemos y no dejarlo por algo supuestamente mejor y que desconocemos totalmente.

Sin embargo, darme la oportunidad de descubrirme y de descubrir cosas nuevas, es algo que me ha ayudado a lo largo de mi vida. Ahora quiero ayudarte a ti a que descubras lo que te gusta, lo que te apasiona y lo que quieres ser. Es injusto pensar que estamos en este mundo solo para sobrevivir, pues es nuestra responsabilidad saber que estamos para aportar a la sociedad. Descubrir el proceso que nos va a guiar por el camino del bien es lo que siempre debemos hacer.

Imagínate lo interesante que es saber que vas a despertar cada día y habrá algo nuevo por descubrir. Ten esto presente siempre y seguro te vas a encontrar recorriendo nuevos caminos, adaptándote a las circunstancias, dejando que las cosas fluyan, amando la vida, descubriendo qué es lo que funciona en ti y qué es lo que te detiene. Deja ir eso que no te deja avanzar, suéltalo y trata de fluir. No practiques lo que vulgarmente llaman «matar el tiempo», la verdad es que me cuesta creerlo cuando escucho a alguien decirlo. Algo tan valioso como el tiempo nunca debe ser tomado como una tontería. Ten presente que es un recurso no renovable, se va y no regresa.

Conócete

Las veces en las que me he encontrado sin saber qué debo hacer solo me digo: «Sé humano». Pienso que uno de los mejores placeres de la vida es ser libres, para lo cual es necesario conocerse a uno mismo. Conocerte y encontrar tu propósito de vida van de la mano.

Necesitas mucha disciplina y rutinas que te lleven a entender qué es lo que verdaderamente te atrae. Esto no es fácil, pero si te lo propones lo vas a lograr, y es algo que a mí me funciona. Muchas veces puede ser complicado cumplir con disciplina una rutina. La vida siempre nos pone a prueba con el ocio y la vagancia, pero ahí es donde debe prevalecer tu fuerza de voluntad, la cual te mantendrá enfocado en tu propósito.

El poder describirte a ti mismo de forma sincera es muy importante para generar confianza en lo que haces. De esta manera, lograrás tomar mejores decisiones, incrementar tu autocontrol y desarrollar todo tu potencial al máximo.

Te cuento que, la mayoría de las veces que converso con adolescentes de mi edad y les pregunto sobre qué piensan hacer de sus vidas y qué van a estudiar en la universidad, la respuesta más común es que no lo han pensado, todavía no tienen ni idea.

Lo que se me viene a la mente ante esta situación es que la manera en que se desarrolla nuestra sociedad y la forma de educación tradicionalista pudieran afectar lo que pensamos los jóvenes. Ahora, si queremos que Latinoamérica y el Caribe salga del subdesarrollo en el siglo XXI, no podemos seguir sin rumbo. Es importante que desde la adolescencia conozcamos qué camino queremos transitar. Esto es parte de lo que me ha motivado a escribir y espero que tú, que lees, empieces a conocerte y apliques las fórmulas que me han servido y me siguen siendo útiles.

Conforme vamos creciendo nos vamos conociendo mejor, identificamos qué nos gusta y qué no. Esto nos permite relacionarnos más apropiadamente con nosotros mismos y con los demás.

En este caso, recuerda las preguntas que te sugerí como guía útil para tener claro lo que quieres hacer. Una interrogante adicional puede ser:

¿Cómo te gustaría transformar el mundo o tu entorno más cercano? Puedes responderlo en el siguiente espacio:

____

____

____

____

____

____

____

____

¡Conócete y camina hacia tu propósito de vida a temprana edad!

Tu propósito puede ser uno, o varios

Siempre me repito: «Reinvéntate las veces que sean necesarias, nunca es tarde para empezar o volver a empezar». Puedes tener un propósito en tu vida a temprana edad, aunque esta posibilidad no implica que tengas que limitarte a uno solo. Quizá tengas una pasión o varias, puede que seas una de esas personas que se sienten apasionadas por varias cosas a la vez, lo importante es que lo que te apasiona venga de ti, desde lo profundo de tu ser.

Pienso que saber trabajar en diferentes cosas simultáneamente es importante, siempre y cuando no permitas que el estrés te alcance. Esto es algo que puedes empezar a entrenarlo si te lo propones. Creo que ayudaría ponerle un nombre que pueda ampliarse a varios campos de tu propósito de vida, para que de esta forma logres mantener el enfoque en el propósito fijado. Por ejemplo, yo tengo como propósito de vida servir y hacer el bien, y como podrás darte cuenta hay un sinnúmero de formas en las cuales podemos hacerlo. A mí me apasiona la política, pero como herramienta de servicio para conseguir el bien común. También me apasiona el voluntariado social, ayudar a los demás, el cuidado del medio ambiente, tener una buena salud, la naturaleza, los animales, los derechos humanos, los deportes y compartir buenas prácticas con la sociedad. Si te fijas, en todas las cosas que me apasionan, el factor común es servir y hacer el bien, solo que de todo lo mencionado debo encontrar un equilibrio para poder alcanzar una buena productividad.

Mientras tenga el equilibrio viviendo el día a día y realizando una de estas prácticas, yo soy feliz y seré capaz de compartir mi felicidad con otros.

Tener claridad en tu propósito de vida

«Empieza con el deseo de verse mejor, pero trasciende a la salud y al amor propio».

Karla Pérez (Karlafit)

Una vez que hayas adquirido la claridad a través de tus experiencias y la sensatez contigo mismo, entenderás mejor por qué es importante tener un propósito de vida a temprana edad. Mantenerte en una constante gestión que priorice tu propósito en todo momento es fundamental. Así irás adquiriendo valores dentro del marco de tu meta, encontrando respuestas sobre la razón de tu existencia y obteniendo bienestar en tu vida, que día a día se irá llenando de plenitud. Eso conlleva una enorme responsabilidad que afortunadamente te mantendrá alejado de la contaminación social, como los vicios, las drogas, la vagancia y otras toxicidades que te impiden tener consciencia para servir y hacer el bien. En esta etapa, ya te habrás dado cuenta de que vivimos en un mundo lleno de posibilidades y que ahora más que nunca, con la ayuda de la tecnología, tenemos infinitas opciones para escoger lo que queremos.

En numerosas ocasiones he conversado con jóvenes de mi edad y otros mayores que no saben qué hacer con sus vidas; otros, en cambio, me dicen que sí y luego de un tiempo me manifiestan que han cambiado su propósito. Por supuesto, los cambios no son malos, a pesar de esto, debes aprender a tener poder de decisión y eso lo vas a adquirir con el enfoque que tengas sobre tu propósito.

No permitas que te detengan las cosas que no quieres. En esta situación, lo mejor sería ir descartando todo lo que te disguste en tu vida. Cuando eliminas lo que te desagrada, vas a dejar de preocuparte por cosas que solo te hacen perder el tiempo y prestarás más atención a lo que verdaderamente te interesa.

En un mundo tan globalizado, con infinidad de opciones, donde estamos bombardeados de información, debes aprender a caminar con claridad hacia tu propósito de vida.

¿Por qué caminar con claridad hacia tu propósito de vida?

Teniendo en cuenta que mi generación, la generación Z, ve de manera natural las tecnologías de la información y la comunicación (TIC), investigar en internet para ampliar nuestro conocimiento, no es nada complicado. No obstante, aún existe una gran cantidad de jóvenes que manejan estas herramientas para satisfacer su ocio y el sistema educativo fiscal todavía mantiene un estilo de enseñanza obsoleto, que consiste en repetir y memorizar, y peor aún, nos encontramos con maestros que no tienen conocimiento del uso de recursos digitales. Esto representa un obstáculo al momento de prepararnos para poder competir en un mundo tan globalizado como en el que vivimos.

Debemos exigir que en las instituciones educativas tradicionales sea una obligación contar con profesores capacitados como formadores vanguardistas en ciencia y tecnología, que estén emocionalmente listos para entender las necesidades y aspiraciones de cada estudiante.

Las instituciones educativas deberían mantener una estrecha relación con los representantes de cada alumno o alumna. Deberían brindarles capacitaciones para que juntos, padres y profesores, ayuden a los estudiantes a descubrir y construir la esencia de su existencia y que, a la vez, aprendan a entender, a concientizar y a encontrar el significado de sus acciones para que logren conducir su vida con sentido de propósito.

La forma en la que me expreso con respecto al propósito de vida deja en evidencia la importancia de la educación integral familiar y escolar en la búsqueda de una identidad, principalmente en la adolescencia.

En lo personal, no puedo dormir tranquilo sabiendo que la mayoría de los adolescentes en Latinoamérica y el Caribe sufren las consecuencias de la baja calidad de los sistemas educativos fiscales en nuestras regiones. Esto es un resultado de la poca calidad humana que hemos tenido en la mayoría de los líderes políticos de la región, sin embargo, tampoco podemos solo quejarnos y no hacer nada al respecto. Necesitamos alzar nuestras voces expresando las malas prácticas que no nos dejan avanzar como sociedad.

Estar consciente de esto y no involucrarme para hacer algo al respecto me resulta imposible, inmoral e irresponsable, es por eso que creo firmemente que en el siglo XXI es vital encontrar tu propósito de vida a temprana edad. ¿Cómo lo puedes hacer si no te dan todas las herramientas? Tú eres el interesado, así que busca en internet, en YouTube, en instituciones cercanas o emplea otro medio que consideres para complementar la educación que recibes en la escuela. ¡No hay excusas!

CAPÍTULO II

CONCIENTIZAR PARA AVANZAR

Con esta frase: ***«No miremos atrás con enojo ni avancemos con miedo, sino con conciencia»,*** el autor James Thurber nos dice una gran realidad. Tomar conciencia a temprana edad sobre lo que te sucede en la vida es un gran desafío, pero es necesario para avanzar.

Las relaciones con las diferentes formas de vida y el acercamiento que tengas hacia ellas te ayudarán con el proceso de concientización. Una vez que empiezas a entender a tu conciencia, empiezas a dejarte guiar por ella; asimismo, saber reflexionar sobre tus acciones mientras vas adquiriendo experiencia, te guiará hacia las mejores decisiones. En esto consiste avanzar.

Todo esto debe nacer desde dentro de tu ser. Darle importancia a tu voz interna y escucharla atentamente será un gran paso para el fortalecimiento de tu autoestima. Esta acción, junto al manejo correcto de tu conciencia, es lo que logrará hacerte entender que tus acciones deben estar direccionadas hacia el bien. Mientras más pronto lo hagas, mucho mejor. Tendrás como resultado todo lo que te favorezca para avanzar en la vida; por eso, aprovecha y avanza, no te detengas, porque si empiezas a ejecutar tus planes y te detienes por un tiempo, el cuerpo y las emociones se pueden enfriar y tendrás que empezar otra vez desde cero. La palabra clave aquí es *enfoque*.

Mantener una disciplina para no dejarte atrapar por la conformidad es fundamental. Vivir con propósito requiere aprender a escuchar a tu conciencia. Una vez que lo logres, habrás alcanzado una parte fundamental en el proceso de darle sentido a la vida. Como dice el dicho: la práctica hace al maestro.

Incertidumbre

«Solo sé que nada sé».

Sócrates

La incertidumbre nos viene acompañando desde los inicios de nuestra existencia. Todos tenemos un propósito en la vida, pero la mayoría de las veces, para muchos adolescentes es incierto. Por ello, te voy a ayudar a aclarar ese camino que conduce hasta tu objetivo, sin embargo, te recomiendo que investigues mucho más y que leas este libro las veces que necesites. Si eres una niña, niño, adolescente o joven, toma esta obra como una señal que la vida te está dando para que encuentres el sendero que buscabas.

Todos nosotros tenemos una infinidad de preguntas. ¿De dónde venimos?, ¿para qué?, ¿por qué?, ¿cómo inició la vida humana?, ¿por qué unos sí y otros no?, ¿por qué otros son felices y yo no?, ¿por qué no tengo lo que quiero y otros sí? Siempre nos preguntamos por qué, por qué, por qué… Yo también tenía muchas preguntas, y aun las tengo, sin embargo, desde que descubrí que lo importante es desarrollar tus cualidades y que, compartiendo tu brillo con los demás, sin esperar nada a cambio, resaltas aún más, las respuestas son más fáciles de entender.

Todo inicia en tu mente, a través de una idea, y continúa convirtiéndose en acciones. Los cuestionamientos anteriores van a aparecer en alguna etapa de nuestras vidas, y obtendremos distintas respuestas. Que si somos descendientes del mono, hijos de Adán y Eva, el producto de una explosión llamada *Big Bang* o somos hijos del universo. En fin, todas estas son cuestiones que cada persona debería analizar e investigar y para las que tendrá que sacar sus propias conclusiones. Entender quiénes somos y cómo funcionamos son preguntas muy complejas y las respuestas las iremos encontrando a través de la experiencia y el estudio.

La formación

«Una inversión en conocimiento paga el mejor interés».

Benjamin Franklin

Es importante comprender que la formación es esencial para el proceso de desarrollo, esto ampliará tu consciencia y abrirá camino hacia tu propósito. Solo con formación continua podrás avanzar con fluidez, empezarás a darte cuenta de cómo tu mente se expande y tu visión se hace cada vez más clara. Serás más libre de tomar tus propias decisiones y de decidir qué camino quieres escoger.

Tu crecimiento como persona nace del aprendizaje constante, el cual es una parte esencial de la vida. No lo rechaces, no lo dejes para mañana. Llévalo contigo siempre. Al formarte constantemente, tendrás un mayor desarrollo intelectual, afectivo y moral como resultado de la adquisición de nuevos aprendizajes.

Pero esto solo puede servirle a la sociedad si en todos los países del mundo, sobre todo como se necesita en los de América Latina y el Caribe, existe siempre el acceso gratuito a una educación de calidad, con maestros jóvenes y preparados. Una persona alimentada de conocimiento muy difícilmente podrá ser sometida por una sociedad contaminada.

Siempre será bueno actualizar tus conocimientos, ya que vivimos en un mundo de constantes cambios y debes aprender a fluir con ellos. En esta era comunicativa, informativa y tecnológica que está avanzando a pasos agigantados, nadie se puede quedar atrás, por eso es fundamental que los jóvenes tengan clara la importancia de mantenerse preparados, para que en un futuro no muy lejano tomemos las riendas del mundo.

Prepárate en lo emocional y en lo académico

«Más vale prevenir que lamentar».

Este famoso refrán te puede dar a entender que la preparación es importante. Ignorar la importancia de la preparación te puede generar inseguridad, desconfianza, incertidumbre y en ocasiones consecuencias nefastas. En cambio, cuando estás preparado, tus ideas y tu capacidad de resolver problemas aumentan, así como lo hacen tu seguridad y tu confianza. Acostúmbrate a estar preparado en todo momento, sobre todo ante lo inesperado, de esta forma podrás actuar sin paralizarte cuando te toque improvisar.

La preparación tiene como enemigos a la pereza y a la distracción. Por ejemplo, cuando hago ejercicios, sé que antes debo preparar mis músculos con un calentamiento, porque si no lo hago corro el riesgo de que me den calambres; o cuando tengo exámenes del colegio, sé que tengo que estudiar sin distracciones para poder aprender y sacar buenas notas. Esto aplica para todo en la vida, pues si no te preparas, aumenta la probabilidad de que no sepas qué hacer cuando se presenten los riesgos.

Nunca es tarde para empezar a prepararte. Cuando adquieras este hábito, estar listo en todo momento será algo natural en ti. Te darás cuenta de lo confortable que es llegar a un lugar o realizar una actividad con la seguridad de saber lo que vas a hacer.

Si en algún momento no tienes las condiciones externas para la preparación deseada, recuerda que siempre dependerá de tu actitud; en otras palabras, carecerás de excusas para no lograrlo. Por ejemplo, si no tienes recursos para hacer un programa, en internet tendrás infinitas opciones y posibilidades. Siempre hay una manera de cumplir con tus objetivos. ¡Tú eres el medio para conseguirlo!

Aprovecha las oportunidades

«El futuro tiene muchos nombres. Para los débiles es lo inalcanzable. Para los temerosos, lo desconocido. Para los valientes es la oportunidad».

Victor Hugo

A lo largo de nuestras vidas, nos damos cuenta de que el camino está lleno de oportunidades. Hay oportunidades que se presentan y nunca regresan, por eso es importante estar atentos a dichas circunstancias. Si eres una persona que se mantiene animada, feliz y optimista, seguramente tendrás muchas ventajas, pero siempre recuerda de dónde viniste, de dónde vinieron tus padres, cómo inició todo… Comprender estas cosas te mantendrá enfocado y con los pies sobre la tierra.

Las oportunidades que recibimos son un sinónimo de felicidad. Llámale suerte, llámale esfuerzo, llámalo como quieras, pero es el resultado de estar preparado para el momento y tomar acción a tiempo. Cuando tienes objetivos claros no es difícil decir «sí» a aquello que te acerca a lo que buscas.

Recuerda que la tecnología no es una herramienta solo para el ocio. Aprovecha las infinitas cantidades de recursos que te brinda para tu preparación, ya sea de forma gratuita o de pago; pero no esperes que lleguen a ti, sal a buscarlos. Estoy seguro de que, si indagas con la energía suficiente y lleno de optimismo, vas a encontrar lo que buscas, o lo que buscas te va a encontrar a ti. El universo hará su trabajo y te unirá a tu propósito de vida.

En el camino a tu propósito de vida

Cuando hablamos de caminos, las palabras de Erol Ozan nos iluminan: ***«Algunos caminos hermosos no se pueden descubrir sin perderse».*** Y es que para poder entrar en el proceso de búsqueda de tu propósito de vida tienes que asimilar y entender tus sentimientos de forma coherente y responsable. Esto lo vas a lograr a través de la disciplina que apliques en tu día a día; mientras más sincero seas contigo mismo, más rápido entenderás cuál es el camino y serás más asertivo al momento de tomar decisiones.

El poder filtrar la información que se procesa en tu mente, sin darle importancia a la sociedad tóxica y al miedo al qué dirán, impedirá que le restes libertad a tu persona. Te sentirás seguro de lo que buscas, empezarás a definir tus metas, tus objetivos, con principios y valores claros.

El camino no es fácil. Muchas veces no contamos con condiciones de vida estables, nuestras familias tienen dificultades económicas e incluso no contamos con una enseñanza moderna, sin embargo, reconocer estas desventajas nos ayuda en la búsqueda de las herramientas necesarias para enfrentarlas. Nosotros, los adolescentes, debemos ser optimistas y usar las ventajas de la tecnología de la comunicación e información. Empecemos a ver la globalización como una ventaja y aprendamos de sus beneficios. Depende de nosotros, por lo que no hay excusas para utilizar las herramientas gratuitas a las que podemos acceder desde cualquier parte del mundo con la ayuda del internet.

Las niñas, niños, adolescentes y jóvenes de ahora tenemos la ventaja de que no es una obligación resignarnos a una educación deficiente, porque contamos con la opción de encontrar una formación de calidad y gratuita con la ayuda de la red. No nos permitamos por ningún motivo aceptar la mediocridad. Si queremos que América Latina y el Caribe salgan del subdesarrollo, debemos empezar a ver la globalización educativa como una ventaja, que antes era poco accesible por la geografía y la política.

Encontrar tu propósito de vida no es fácil, pero si conoces estas herramientas seguramente te servirán para avanzar con ventaja.

Enriquecer nuestra formación a partir de lo nuevo y la experiencia

«Nunca consideres el estudio como una obligación, sino como una oportunidad para penetrar en el bello y maravilloso mundo del saber».

Albert Einstein

Debes tener claro que la experiencia propia, así como la experiencia de otras personas, te llevarán a obtener conocimientos de vida que necesitarás en el futuro. Todo lo vivido es valioso, por eso una vida activa te ayudará a adquirir bastante experiencia útil. Debes tener claro que la vida está para fluir y no para estancarse, es necesario comprenderlo para tener plenitud.

Acostumbrarnos a vivir nuevas experiencias todos los días, hace que nuestra vida sea interesante, y una vida interesante es una vida fluida. Recuerda que el tiempo es corto y no debes desaprovecharlo, siempre tienes que respetarlo, el tuyo y el de los demás.

No borres tus recuerdos, ya que son experiencias vividas. El pasado debe servirte para avanzar, no para detenerte. Para esto practica reflexionando en todo lo que experimentes, de modo que lo vivido te sirva para el futuro. No se trata de vivir por vivir, sino de hacerlo con propósito.

Por eso es importante compartir espacios con otras culturas donde puedas darte cuenta de los intereses de diferentes personas, cuáles son sus habilidades, cuáles son sus gustos, etc. Enriquécete de distintas vivencias para estar un paso más cerca de tu propósito.

Valora tus experiencias

El famoso dicho ***«más sabe el diablo por viejo que por diablo»*** implica una valoración de quienes han vivido más. Se debe entender que vamos a tener buenas y malas experiencias, saber que ambas nos sirven es importante. Conocer que cada experiencia es una lección de vida nos va a ayudar mucho y vamos a aprender a darles valor. Toda situación es una inversión significativa de tiempo y conocimiento, por ende, si valoras cada una de ellas podrás adquirir un gran aprendizaje.

Si hablamos de tus experiencias, esas te van a ayudar para que puedas reflexionar sobre lo que te ha acontecido. Te irás dando cuenta de la manera en que funciona tu vida y cada vez más reforzarás tu consciencia y te fortalecerás en cada paso que des.

Justo ahora tú estás siendo testigo de una valiosa experiencia para mí. Este es mi primer libro y espero que sea el primero de varios. En lo particular, vivenciar el proceso de escribir muchas horas en la computadora, ha sido muy gratificante y cuando este libro logre su propósito, lo será aún más. Al imaginar la dicha de muchos adolescentes al encontrar el sentido de sus vidas con estas páginas, siento mucha alegría; y si logro que un adolescente encuentre su misión, ciertamente habrá valido la pena. Lograr que las buenas acciones se multipliquen, así sea por uno, siempre va a merecer el esfuerzo.

Preparación emocional

Nos dice Shannon L. Alder: ***«La ira, el resentimiento y los celos no cambian el corazón de los otros, solo cambia el tuyo».*** Estar preparado emocionalmente es tan importante como estar preparado académicamente. La vida está llena de emociones y a veces me resulta difícil entenderlo porque las personas no se preparan para saber manejarlas. No nos lo enseñan en la escuela, así que esa es una pregunta que me haré siempre: ¿por qué no han incluido en la malla curricular estudiantil del sistema educativo fiscal como materia, la gestión emocional?

El manejo de nuestras vidas depende también de nosotros, ya que podemos tomar la decisión de prepararnos emocionalmente, en especial para tener la valentía de tomar decisiones. Esto es importante porque muchas veces las oportunidades no aparecen dos veces y debes estar listo para cualquier eventualidad que se te presente.

Es necesario que manejes tu nivel de consciencia, te conozcas bastante y sepas de ti, de lo que eres y no eres capaz, de lo que te gusta y lo que te disgusta, de lo que te parece tolerable e intolerable. Este conocimiento te dará el músculo para manejar tus emociones. Es algo que debes trabajar con tiempo, ya que muy difícilmente podrás adquirir una herramienta emocional para utilizarla solo por un momento determinado; se trata de estar preparado siempre, tanto para situaciones favorables como para circunstancias adversas que salgan de tu control. Si lo externo se escapa de tus manos, nunca puedes descuidar lo interno. Nadie mejor que tú para gestionar tu ser. Si pierdes el autocontrol, perderás el control de todo.

La clave es que tu estado de ánimo no se vea afectado por las circunstancias. Me refiero a que tu vida se vuelve más compleja cada día y debes estar listo para dirigirla.

La preparación emocional siempre debe tener la prioridad cuando hablamos de gobernar nuestras vidas. Los peligrosos retos virales que se difunden a través de las redes sociales, el ciberacoso, el acoso escolar, sumado a tener padres, abuelos, tutores o maestros que no están preparados y que no conocen de la tecnología, entre muchas otras situaciones, son ejemplos reales a los que estamos expuestos las niñas, niños, adolescentes y jóvenes. Son situaciones que van en aumento y eso debería ser razón suficiente para abordar el problema con urgencia. Tanto las autoridades como nosotros a nivel personal, debemos desarrollar de forma consciente y sistemática las habilidades socioemocionales requeridas para superar situaciones adversas como el COVID-19, y así estar preparados para enfrentar la vida.

Entender que el mundo no es solo de uno sino de muchos, es aprender a vivir en sociedad. Sin embargo, eso no significa que debes permitir que la sociedad te atrape. Nuestra naturaleza es social, aunque es importante aprender a poner límites. Igualmente, tener empatía te permitirá entender el porqué de ciertas limitaciones y comprenderás que lo social es indispensable para avanzar.

El querer ser mejor es un anhelo que adquieres con las experiencias internas y externas. Se requiere mucha dedicación y disciplina para desearlo, y día a día lo debemos alimentar para mejorar.

Si queremos vivir en un mundo mejor y dejar el camino abierto para las próximas generaciones, es necesario aprender sobre consciencia social a muy temprana edad y mantener una vida sostenible.

Acompañado de disciplina

«La disciplina realmente significa nuestra capacidad de hacer cosas cuando no queremos».

Arden Mahlberg

La disciplina es un valor fundamental en el desarrollo de nuestras vidas, aunque puede que este comportamiento resulte ser un poco complicado de manejar a temprana edad, pero no imposible. Después de haberle dado valor a tu enfoque a través de las buenas acciones, la disciplina nace naturalmente y se vuelve un hábito que se va fortaleciendo, paralelamente con el compromiso que tengas de acuerdo con tu propósito de vida.

La disciplina va de la mano con la organización, por eso es necesario que organices tu tiempo para valerte de la disciplina y logres tus metas. Asumiendo esta actitud, te darás cuenta de todo lo necesario para cumplir con lo que te dispongas.

La disciplina te aportará tener una convivencia sana contigo mismo y con los demás, dándote el orden que necesitas para ser más eficiente en tus acciones. Si lo que buscas es acercarte a tu propósito de vida y avanzar en esa dirección, la disciplina debe acompañarte.

Cuando tu camino es mejorar y avanzar, lo lograrás teniendo disciplina, porque vas a adquirir habilidades importantes y valiosas que te serán de gran ayuda en tu vida. Podrás resolver problemas, tu comunicación mejorará, tendrás mucha más empatía, sabrás respetar, así como también exigirás que te respeten. Podrás ayudar y ser más colaborativo.

Haz la prueba tú mismo, y si ves que has mejorado, continúa así.

Visualiza tus metas

«Los seres humanos inteligentes ganan hasta cuando pierden».

Estoy seguro de que has escuchado alguna vez a alguien decir algo parecido a «visualiza tus metas para que logres alcanzarlas», y por muy cliché que suene, es la verdad. Tener la costumbre de imaginar tus metas te ayuda a mantener el enfoque; en cambio, si no sabes hacia dónde quieres ir, creerás que cualquier camino servirá. Visualizar es como prender la luz del camino que quieres seguir; al no hacerlo, estarás caminando a oscuras.

Saber visualizar tus metas requiere de un compromiso que necesitas tener contigo mismo. Debes tener claro que no te puedes engañar, y para esto puedes empezar con algo más fácil: visualizar lo que no quieres. Esta acción te va a ayudar a encontrar lo que buscas.

Acostúmbrate a visualizar las cosas. Puedes hacerlo con las consecuencias de posibles malas acciones, de modo que te apoyen a no tomar decisiones incorrectas. Mientras más práctica tengas en esto, mejor será tu preparación mental en tu día a día. En mi caso, antes de iniciar una ponencia, me visualizo en el lugar, visualizo al público, me visualizo hablando; cuando llego al sitio, lo recorro haciendo un reconocimiento del área, identifico dónde hablaré y me visualizo ya en acción. Todo esto me ayuda en el momento en que tengo que dar la cara al público.

La intención de la visualización es preparar tu mente y cuerpo para la realidad de forma anticipada. Eso te dará una ventaja y tendrás mejores resultados.

Interés

Einstein afirma: ***«Si buscas resultados distintos, no hagas siempre lo mismo».*** Nos aporta una solución clara y sencilla para mantener una vida con interés. El interés que tuve al escribir este libro fue saber que puedo transmitir y comunicar lo que pienso, todo basado en mis experiencias. Puedo ayudar a que otros adolescentes encuentren su camino, lo cual es muy significativo para mí además de gratificante. Considero que durante la adolescencia atravesamos un proceso de preparación integral y todos debemos estar conscientes del mismo, así como estar dispuestos a aceptar los cambios que se necesiten hacer para encontrar el camino hacia nuestro propósito.

Debería ser interés de cada adolescente descubrir habilidades dentro de sí mismos que ayuden a encontrar un propósito en sus vidas y que eso se vea reflejado en la satisfacción de cada uno. Sin embargo, entiendo que no siempre es así por diferentes motivos, estos podrían ser de carácter familiar, económico, de salud, o alguna adversidad. Ante esta circunstancia, lo que les puedo aconsejar es que analicen su motivación por existir un día más. En caso de que haya más desmotivación, trabajen en función a eso, vean cómo mejorar esa situación con sinceridad y valentía; estoy seguro de que saldrán adelante.

Poder rescatar de tus experiencias y reflexiones lo que te gusta, lo que te motiva, lo que te disgusta, lo que te hace sentir feliz y lo que te hace sentir triste, te ayudará a conocerte y te dará un interés por tu vida beneficioso para la búsqueda de tu propósito de vida.

Ten claro a dónde quieres llegar en uno, cinco, diez y veinte años

El refrán *«Al pan, pan, y al vino, vino»* significa que hay que ser claros. Siempre que sepamos nuestro punto de partida y nuestro punto de llegada, el camino se nos hará más fácil de recorrer porque vamos a tener un rumbo claro.

Cuando tenemos un destino pautado, vamos a poder armar estrategias para llegar a él. Tener claro lo que quieres en uno, cinco, diez o veinte años no es tarea fácil y requiere de bastante responsabilidad, al igual que hay que tener presente que esto puede ir cambiando conforme vayamos creciendo. No obstante, saber lo que quieres siempre te va a facilitar las cosas.

Poder proyectar tu vida es una gran ventaja. Te has preguntado ¿cómo te proyectas? ¿cuándo va a suceder? ¿cuánto tiempo te vas a demorar? y ¿cuáles son las opciones que tienes para conseguir lo que te propones? Tienes que tener presente que en tus metas, en tus proyecciones y en tu propósito de vida van a existir ventajas y desventajas. Te muestro algunos ejemplos de ventajas: seguridad, actitud, responsabilidad, disciplina, entre otras; en cuanto a las desventajas: indecisión, falta de recursos económicos, entorno inestable y así por el estilo. Conocer esto es importante porque sabrás lo que debes reforzar.

Es significativo que cuando pienses a dónde quieres llegar, te bases en decisiones veraces de conocimiento de ti mismo y sin influencias externas. Por supuesto, esto no quiere decir que excluyas las recomendaciones, sugerencias y ayuda de tus tutores, pero la decisión final debes hacerla tú, porque solo así lograrás tener la efectividad que anhelas.

Para finalizar, te invito a que respondas las siguientes preguntas:

1. ¿Cómo te ves de aquí a cinco o diez años?

____

____

____

____

____

____

2. ¿Cuáles son tus fortalezas para alcanzar tu propósito?

____

____

____

____

____

____

MIS NOTAS

CAPÍTULO III

¿QUÉ HARÍAS SI HOY FUERA EL ÚLTIMO DÍA DE TU VIDA?

Siempre he considerado esta pregunta. Es una interrogante que te aportará mucho si la respondes de forma sensata. En realidad, no soy un experto en vivir la vida como si fuera mi último día. Simplemente, me he dado cuenta de que muchas ideas han pasado por mi mente cuando me cuestiono qué tipo de cosas me gustaría hacer si no fuera a vivir más tiempo. Aquí van unas cuantas:

- Despertarme lo más temprano posible para sacarle provecho al día.
- Dedicaría los primeros cinco minutos del día a prepararme mentalmente respecto a lo que deseo hacer en mi último día.
- Agradecería por lo que soy, por lo que he logrado y por lo que he aportado a los demás.
- Leería algún texto corto que no me demore más de treinta minutos y que me dé fuerzas para el día que me espera.

- Pasaría la jornada sonriendo.
- Compartiría con mi familia todos los momentos de las labores diarias: prepararía el desayuno con mi mamá y leería las noticias con mi papá.
- Invitaría a mis abuelos a que vengan a pasar el día conmigo.
- Jugaría un partido de fútbol con mis amigos.
- Dejaría un mensaje a las personas más importantes de mi vida.
- Grabaría un video dando un mensaje positivo para las generaciones que siguen.
- Definitivamente, plantaría un árbol.
- Jugaría con mi mascota.
- Cuando ya se esté acercando la hora de mi partida, me acostaría junto a mis padres, les daría unas buenas noches abrazándolos fuerte y descansaría en paz.

Seguramente sería muy complicado no derramar una lágrima, pero serían lágrimas de cariño y amor hacia los demás.

Hay una frase de Mahatma Gandhi que me llegó al corazón en el momento en que la escuché:

«Vive como si fueras a morir mañana... aprende como si fueras a vivir siempre».

Me sentí muy identificado con ella en cuanto alcanzó mis oídos, y solo de pensar en que después de tantos años aún sigue vigente me lleva a reflexionar sobre todo lo que nos falta a los humanos por hacer, servir y vivir. Partiendo de la frase, siempre me pregunto qué es lo que falta para alcanzar la felicidad mundial o qué estamos esperando para tener ese mundo donde todos podamos vivir en paz, tranquilidad y felicidad. Son dudas que seguramente hallarán respuesta en la famosa expresión de Gandhi.

Si hoy fuera mi último día, no dejaría de aprender, no dejaría de compartir, no dejaría de vivir con humildad. Ya es hora de que entendamos que somos pasajeros y que lo mejor que una persona puede hacer cuando está de paso es aportar a su entorno. Al fin y al cabo, todo lo que hayamos acumulado se quedará justo aquí en cuanto partamos.

Esas son cosas que no te enseñan en la escuela o en el colegio, sino que las comprendes en la vida real. Yo las he aprendido en momentos tristes, como cuando perdí a mi bisabuela, a mi primo, a mi tío y la lista continúa… En todo esto, vi a personas muy cercanas sufrir mucho; pero la vida sigue, el tiempo pasa, los momentos cambian y las cosas siguen avanzando. Lo importante es aprender y no escapar de la realidad; enfrentarla con valentía, sabiendo que si estás haciendo lo correcto no tienes nada que temer.

El bien común es importante

«¡Uno para todos y todos para uno!».

El famoso lema de los tres mosqueteros da un buen inicio a este apartado.

Tengo la ventaja de haberme dado cuenta desde muy joven de que el bien común es importante. Mi experiencia me lo confirma, el haber realizado voluntariados de gestión social, activación ciudadana a favor del medio ambiente, tutorías a mis compañeros de la escuela, y otras actividades relacionadas, me ha dado la oportunidad de poder ayudar a otros adolescentes. Esto es algo que me ha otorgado la confianza de saber que servir y hacer el bien son partes esenciales del camino.

La única forma de poder tener un mundo mejor es que toda la humanidad, sin excepción, trabaje en ello. Debemos estar conscientes de que contamos con un solo planeta y que no hay tiempo para el egoísmo. Por eso, conocer que a través del bien común estamos aportando al desarrollo nos guiará hacia un mejor futuro. El COVID-19 ha hecho reflexionar al mundo una vez más, estamos mucho más conscientes de que una sola persona puede enfermar a todos los demás, por lo tanto, necesitamos un planeta con personas sanas. Es preciso que gocemos de una vida respetable y que aportemos al bienestar de toda la sociedad.

Todos debemos apropiarnos de la idea de que el bien común es importante. Conocer que tenemos la capacidad de soñar, crear y transformar realidades a través del liderazgo y el emprendimiento, despertará en nosotros la creatividad, estimulará la necesidad de trascender.

Las generaciones más jóvenes somos menos manipulables y más empoderadas de nuestros espacios; hacemos notar nuestras pasiones y habilidades, diseñamos ideas y buscamos dar soluciones a nuestro entorno. Estamos decididos a cambiar el mundo y confiamos en que pronto se convertirá en un lugar donde todas las niñas, niños, adolescentes y jóvenes puedan soñar con una vida digna.

Confusión en el trayecto

En el trayecto que sigo —y seguiré— hacia mi propósito de vida, me he encontrado con muchas cosas que me han confundido y se me han dificultado entender. Es más, me atrevería a decir que todos los días está sucediendo algo en el mundo que me confunde, como las guerras.

En el momento en el que escribo esto, existe un bombardeo de información acerca de la guerra en Ucrania, y a mí como activista, promotor de la agenda 2030 de las Naciones Unidas donde las naciones del mundo acuerdan diecisiete Objetivos de Desarrollo Sostenible, de los cuales uno se refiere a la paz, reflexiono sobre cómo se puede hablar de coherencia con estas provocaciones de las potencias mundiales que terminan en guerra. Ahí es donde me confundo, ¿qué está sucediendo con los adultos que toman las decisiones? ¿Es que acaso ellos no tienen sentido de la vida o no conocen su verdadero propósito? Nosotros los jóvenes queremos respuestas y que sean claras, que no nos ofusquen. Es hora de ver al ser humano por encima del capital económico y del capital político, nunca dudemos de que la humanidad debe prevalecer antes que cualquier cosa.

Queremos que nos entiendan

«La mente es como un paracaídas, solo funciona si lo abres».

Albert Einstein

Cada uno de nosotros posee una identidad única, tenemos distintos gustos, distintas formas de pensar, diversas maneras de aprender, y esperamos que los adultos entiendan que los tiempos han cambiado.

Vivimos en una era digital que avanza a pasos agigantados y que cambia cada día. Los adolescentes estamos más conectados que en cualquier otro momento de la historia de la humanidad. No nos dejamos influenciar fácilmente y esto también incluye a nuestros cuidadores y maestros; ellos deben entender que el hecho de que nos intenten infundir sus creencias y costumbres, asumiéndolas como verdades absolutas, ya no es suficiente para que nosotros las aceptemos como algo válido de manera sumisa. Con la ayuda de la tecnología, pueden tener por seguro que vamos a investigar y a debatir lo que consideremos que no es correcto. Por más tradicionales que sean, esperamos que puedan aceptar que tenemos la razón de vez en cuando.

Eso no quiere decir que somos más o que somos menos. Simplemente, somos humanos conscientes con identidad propia, por lo que necesitamos adultos que fomenten la formación integral y la autoestima saludable. Y por supuesto, con normas, pero también con la libertad de que podamos ir más allá en pos de nuestro aprendizaje.

Entretanto, te invito a que sigas avanzando en el descubrimiento de lo que quieres en tu vida. Hacerlo en esta etapa es saber algo que la mayoría de las personas desconocen y que en los tiempos de juventud de tus padres o abuelos nunca se llegó a considerar y mucho menos a hacer.

Ahora bien, puede que exponerles estas ideas a tus padres sea algo difícil para ti, porque en cierto modo son quienes nos proveen de cuidado, alimentación, recursos para estudiar, vestirnos, entre otros. Se trata de las personas que más han velado por nuestro bienestar. Por ende, considero importante que, al momento de exponer tus ideas, lo hagas con respeto y responsabilidad. Cuando ellos vean esas actitudes de tu parte, asumirán con seriedad las ideas que quieras transmitirles. Recuerda que tus padres no tienen la culpa de no tener ideas exactamente iguales a las tuyas. Ellos crecieron en un mundo diametralmente distinto al nuestro, por lo que su concepto de una buena vida probablemente irá acorde con lo que aprendieron y no necesariamente con lo que tú quieres. De todas formas, no siempre tienes que negarte a sus consejos. Reflexiona en tus ideas, pero no dejes de considerar lo que ellos te digan, pues tienen más experiencia que tú y se preocupan más que nadie porque estés bien.

Desde muy pequeño me han interesado los temas ambientales, los animales domésticos, el deporte y la política, lo cual les agrada a mis padres. Sin embargo, también me gustan los videojuegos, con lo que sí hemos tenido algunos contratiempos, pues no me permiten jugar mucho. Considero que lo he manejado bien, porque les he demostrado que puedo ejercer lo que me gusta sin abandonar los videojuegos. Ahora invierto mucho menos tiempo que antes en una consola, pero mi punto es que mientras demuestres seriedad y disciplina en lo que haces, al final tendrás resultados satisfactorios.

Autonomía responsable

«Ayúdame a ayudarte».

Jerry Maguire

El acompañamiento del adulto es esencial durante el proceso de la infancia, la niñez y la adolescencia, así como en el inicio de la juventud. La necesidad de ser acompañado por alguien mayor dependerá de la etapa en la que cada quien se encuentre y de sus condiciones. En este punto, hay que comprender que para encontrar el propósito de vida, todos deben ir teniendo más autonomía de forma gradual. Esto ayudará a que cada persona aprenda a conocerse, a escucharse, a tomar decisiones y a valorarse. Todo esto fortalecerá su autoestima, la cual es necesaria para enfrentar adversidades y forjar tu personalidad, dándote cada vez más una identidad alineada con tu objetivo.

Cuando nos damos cuenta de esto a temprana edad, nos apropiamos de un método para manejar nuestras emociones que nos ayudará a dar respuestas seguras y responsables, conociendo que nuestras acciones tienen consecuencias tanto buenas como malas. Por ello, el descubrir nuestra esencia a edad temprana nos ayudará a tomar consciencia sobre nuestras decisiones y reflexionar en lo que hacemos. Así es como le vamos dando forma a nuestra vida con propósito.

Incluso así, es muy importante tener presente que somos seres humanos, por lo que tendemos a la subjetividad. Por eso tu autonomía inicia desde dentro de tu ser, muy aparte del ambiente externo en que te encuentres. Esto implica aprender que adquirir autonomía con propósito es un proceso sujeto a cambios y no un final.

Libertad y responsabilidad

Para John Maxell: «El mayor día de tu vida y la mía es cuando tomamos responsabilidad total de nuestras actitudes. Ese es el día en que realmente crecemos». Mientras más capaz seas de afrontar los compromisos de tu vida, tendrás más oportunidades de crecer como persona.

Sinceramente, considero que sería difícil encontrar un propósito de vida sin haber aprendido a concientizar la libertad, entendiéndola como algo distinto al libertinaje. Este último es uno de los causantes de una sociedad contaminada. Ser responsable de tus acciones equivale a poder convivir con otros, en ocasiones renunciando a tus preferencias por alcanzar el bien común; esto es parte de una libertad responsable.

Entender que eres dueño de tu persona y de todo lo que derive de ella, es una etapa que se va madurando y te ayudará a comprender que tu vida tiene propósito. La libertad con responsabilidad te dará la fuerza necesaria para avanzar hacia tu propósito de vida. Mientras más rápido asimiles esto, más rápido encontrarás la paz y tranquilidad que necesitas para seguir tu camino. El poder actuar de acuerdo a tu voluntad implica responsabilidad; eso es libertad, ambas necesitan ir de la mano.

Como sugerencia, trata siempre de valorar todas las posibilidades antes de actuar. Puede que muchas veces nos dejemos llevar por las emociones sin haber observado todas las alternativas, y ya cuando nos equivocamos, nos detenemos a pensar por qué no actuamos diferente. ¡Tranquilo, a todos nos pasa! Es cuestión de poner en práctica varias opciones, conocer los diferentes caminos y escoger el mejor para ti.

Busca las señales de tu propósito

Un estudio de la Universidad de Scranton en Pennsylvania y el Instituto de investigaciones *Statistic Brain*, recogido por Ana Pazos (2021) para la revista Forbes México, afirma que solamente el 8 % de las personas que se plantean propósitos logra cumplirlos.

Tomando en cuenta que solo este porcentaje de las personas cumplen sus propósitos, podemos imaginarnos que lo planteado en este libro no es nada sencillo y a su vez es un desafío bastante ambicioso. ¡Vaya tema que escogí para ser este mi primer libro!

Sin embargo, soy un adolescente que está acostumbrado a los desafíos. Siempre me hago preguntas que vienen a mi mente y que hacen que mi imaginación cuestione algunas cosas, como qué pasaría si no fuera solo el 8 % de personas que cumplen sus propósitos, sino que fuera el 100 % de la gente haciéndolo y todos estuvieran en la dirección del bien común. Seguramente lograríamos tener un mundo mejor para todos.

Y si me preguntan qué busco haciendo referencia al estudio de la Universidad de Scranton, yo anhelo un estudio que diga que soy parte del 100 % de jóvenes que entendemos el mundo.

CAPÍTULO IV
¿QUIÉN O QUÉ CONDUCE TU VIDA?

Casi siempre las personas son dirigidas por algo, por ejemplo, el olor de una fragancia puede guiarte hacia un lugar, un evento puede llevarte a un establecimiento, un problema puede trasladarte a la desesperación.

En muchas ocasiones, los adolescentes somos conducidos por la vergüenza. Pasamos horas pensando en cómo esconderla sin darnos cuenta de que estamos dejándonos manipular por ella, a veces hasta saboteando nuestras propias capacidades. Entender que no tenemos que ser prisioneros de nuestras debilidades es un paso significativo para no aferrarnos a ellas y poder superarlas.

El temor es otro sentimiento que a veces nos acompaña. Sea cual sea el motivo, muchos no logran superar sus temores y dejan pasar las oportunidades que se les presentan para no arriesgarse. Ningún adolescente debería permitir ser secuestrado por el temor, ya que esto le impedirá avanzar. El temor nos ayuda a ser prudentes, pero para eso debemos tener una cuota de responsabilidad, porque puede que sea un temor infundado o solo esté en nuestra mente. Hay que alejarlo lo antes posible.

Los adolescentes debemos cuidarnos de no permitir que lo material nos atormente y que conduzca nuestras vidas; el hiperconsumismo no debe apoderarse de nosotros. En ocasiones, nos damos cuenta demasiado tarde de que no es verdad que mientras más cosas materiales tenemos más felices somos. Esos objetos nos dan una satisfacción momentánea, porque después de que los adquirimos con emoción, nos van a aburrir y hasta a estorbar.

Saber que el valor que tienes como persona no te lo da ningún valor material, es un paso para entender que la esencia es lo verdaderamente importante. Lo material no te hace trascender, pero tu valor como persona sí. Puede que te dejes conducir por una sociedad contaminada por la necesidad de ser aceptado, sin darte cuenta de que estás corriendo el riesgo de ser arrastrado por esa contaminación. Tratar de quedar bien con todos te llevará a un fracaso seguro. Si te dejas conducir por las opiniones de los demás, nunca vas a encontrar tu propósito de vida. Dejarte conducir por una sociedad contaminada siempre desembocará en una vida insegura, infeliz e inestable.

Solo tu profundo ser puede conducirte hacia tu propósito de vida. Ni el éxito, ni la fama, ni el placer lo van a hacer. Si no tenemos una misión de trascendencia por cumplir, nos dirigiremos directamente al vacío.

La personalidad

«Soy tan pobre que solo tengo dinero».

Cristina Onassis

La personalidad juega un papel importante en todo el trayecto de tu vida. Tener personalidad te dará la determinación correcta para avanzar, te ayudará a entender que parte de este proceso implica ser feliz con lo que tienes mientras buscas lo que quieres. Me refiero a que para adquirir una personalidad única debes ser tú mismo y no pretender ser alguien más. Ten principios y valores y cree firmemente en ellos.

Todas esas cualidades que tienes y las que están por descubrirse van formando tu personalidad. En el camino te vas a ir dando cuenta de que posees valiosas habilidades que no pensabas tener, que solo era cuestión de dedicarle un poco de tiempo a las cosas que valen la pena. Tendrás como resultado un conocimiento más amplio que te dará seguridad y fortalecerá tu forma de ser.

Cuando comprendes que tienes una personalidad única, puedes estar seguro de que eso se va a ver reflejado en tu exterior. Ahora detente a pensar en lo que acabas de leer, ¿crees que alguien quiere confiar en una persona que no confíe ni en sí misma? Pues no lo creo y seguro que tú tampoco. Por eso, ser sincero contigo mismo es fundamental. Las situaciones incómodas seguirán siendo incómodas, así que debes aprender a estar cómodo en ellas. Así de simple, estar cómodo conversando temas incómodos, por ejemplo, drogas, educación sexual, entre otros. Entender que todos somos diferentes, que debemos mantener una formación continua y estar informados son claves para alcanzar una personalidad única.

Esta personalidad te abrirá puertas en el camino, te ayudará a ser decidido sin poner excusas, serás inspiración para otros jóvenes que necesitan un líder. Descubrirás tus miedos y los enfrentarás. No vas a buscar ser aceptado porque tendrás confianza en ti mismo y empezarás a transformar realidades. Entenderás que este mundo debería ser liderado por mentes frescas como tú y con un concepto del mundo diferente al que hemos vivido.

Todo empieza en tu mente

«El hombre es producto de sus pensamientos».

Mahatma Gandhi

Todo empieza en tu mente, los pensamientos nos acompañan a lo largo de nuestras vidas. La capacidad de pensar es una de las cosas más preciadas que tenemos los seres humanos. Aprender a analizar detalladamente nuestros pensamientos es muy importante para impedir que estos nos dominen.

Es bueno que sepas que los pensamientos, una vez que salen al exterior, tienen consecuencias, a veces favorables y otras desfavorables. Muchas ideas van a surgir de tu mente y lo fundamental es que aprendas a filtrar la información para externarla. En este sentido, puedes darte cuenta de lo importante que es estar enfocado en tu propósito. Por eso quiero que consideres muy detenidamente lo necesario que es mantenerte en un entrenamiento permanente sobre cómo manejar tu mente, para que no permitas que tus pensamientos influyan de manera radical en tus acciones. Entrenarte mentalmente te dará un mejor control de los bombardeos diarios de información y propaganda que recibimos de todas partes del mundo.

Deja de preocuparte excesivamente por los demás, por cómo les está yendo, que si ellos tienen mejor vida que tú, etc. Esta sociedad contaminada tiene a las personas vendiendo una «realidad» de fantasía, publicando imágenes en sus redes sociales que no concuerdan con sus realidades, así que, si nos concentramos en nosotros y dejamos de pensar en los demás, vamos a tener ventaja, lo cual da la facilidad para buscar con calma lo que queremos en la vida.

La percepción, ¿cómo juzgas lo que ves o cómo interpretas lo que ves?

«Dime con quién andas y te diré quién eres», dice el refrán y es un buen punto de análisis para la percepción. Si no sabes qué es, puedo decirte que es la manera en la que nuestro cerebro interpreta todo lo que percibe de su entorno. Por eso es muy importante que sepas que tú puedes decidir muchos de los estímulos que recibes.

En el camino hacia tu propósito de vida, la percepción juega un papel importante, ya que puede influir en la dirección que decidas seguir. Sin embargo, esa dirección que elijas siempre puede variar de acuerdo al enfoque que le des a tus pensamientos o ideas. Por eso es necesario que creas firmemente en tu enfoque, ese va a ser el músculo de tu sentir y no de tu percepción.

Con base en lo anterior, el músculo de tu enfoque se va a robustecer y tu sentir se fortalecerá de acuerdo a tus experiencias, tu formación académica. Esto te ayudará a que tus decisiones sean más seguras y concretas.

La percepción es algo que debes aprender a manejar para que puedas tomar decisiones acertadas y esto solo se adquiere a través de la experiencia, de acuerdo a tus necesidades y preferencias. Una vez que entiendas esto, será más sencillo dar significado a tus pensamientos, pues despertarás interés en cada paso que des, además de que aprenderás a ser cuidadoso en todo momento.

Mi estado de ánimo

Ernesto Che Guevara dijo: ***«Hasta la victoria siempre».*** Es sinónimo de cómo debe estar tu estado de ánimo constantemente.

Realizar todo lo que sucede en tu vida de manera más eficiente va a depender de tu estado de ánimo. Eso lo he comprobado una y otra vez. Seguramente habrá días en los que por algún motivo te sientas sin ánimo de nada, ¡sé consciente de ese estado! Hay momentos en los que no tienes ganas, en los que cada cosa que hagas te va a parecer eterna y aburrida; al contrario de cuando tienes un buen inicio del día desde la mañana, te levantas contento, lo cual te da energía para que tus planes fluyan. En cuanto a lo que a mí me funciona, para tener un buen estado de ánimo la clave es hacer algo que te interese todos los días. Por ejemplo, a mí me gustan los deportes y los ejercicios, por eso practico estas actividades a diario.

Debes evitar factores externos que influyan negativamente en tu estado de ánimo, como el consumo de drogas. Yo nunca las he consumido, pero he leído mucho sobre sus efectos perjudiciales y uno de ellos es que puede afectar negativamente en cuanto a cómo te sientes, llevándote incluso a una depresión. Es importante mantener una buena comunicación con tus tutores porque tu estado de ánimo también puede variar dependiendo de tu entorno.

Un entorno de paz y tranquilidad va a ayudarte mucho para tener un buen estado de ánimo, pero si te encuentras en un espacio de discusiones, esto podrá afectarte, debilitará tu desempeño en diversas actividades. Para minimizar los riesgos y los cambios emocionales constantes, debes trabajar en el equilibrio de las cosas. Si te exiges mucho, poniéndote a veces mucha carga de compromisos que se te van a dificultar, te sentirás desgastado. También el no exigirte nada, el no hacer nada, podría impactarte de forma negativa, por eso debes mantener el equilibrio. Lo ideal es comprometerte en hacer lo que verdaderamente puedas terminar, y una vez que te des cuenta de que las cosas en las cuales te comprometes son cumplidas, podrás tener un estado de ánimo saludable.

Claro y directo

«Lo cortés no quita lo valiente».

Refrán

Muchas veces nos dejamos llevar por factores externos que pueden llegar a incidir en la claridad y sinceridad de decir lo que sentimos. Esto es algo que, si no lo sabemos manejar, puede hacernos mucho daño y desviarnos de nuestro propósito. Por ello te invito a que aprendas a ser claro y directo al expresar lo que sientes, sin excluir la responsabilidad de tus acciones. Si ves que algo que dices no le gusta a determinada persona, no te sientas mal, sé genuino y abraza una respetuosa sinceridad.

Ser claro y directo te ayudará a que los demás confíen en ti. Hoy en día, con el bombardeo de información, las personas buscan transparencia y en quien confiar. Por tal motivo, es importante que fortalezcas el músculo que te dará la claridad y dirección que necesitas.

Tener, sobre todo, claridad contigo mismo te permitirá discernir con responsabilidad tu accionar antes de llevar a cabo cualquier cosa; teniendo establecido esto, te sentirás fortalecido en la toma de decisiones de tu vida.

Ser claro y directo en tus sentimientos te dará autenticidad y confianza en ti mismo, evitando así la etiqueta de la doble moral. Uno de los obstáculos que vas a encontrar es el miedo, no obstante, debes saber que la única forma de vencerlo es enfrentándolo. Una vez lo conquistes, tu personalidad se volverá cada vez más autónoma.

Cuando las personas externas empiezan a darse cuenta de que gozas de una autonomía responsable, coherente, clara y directa, empezarán a darte tu espacio y se abrirán las puertas del camino hacia tu propósito, como un efecto dominó, dándote la tranquilidad de seguir avanzando en esa dirección con claridad absoluta en los pasos que das.

Organización

Hay una frase que para mí tiene mucho valor: *«Mantén el orden dentro del caos».* Si tenemos claro que todo tiene un orden, podremos avanzar de manera eficiente. Normalmente, las personas nos hacemos bastantes preguntas sobre nuestro propósito. ¿Cuánto tiempo? ¿Cuánto dinero necesito? ¿Cómo lo voy a lograr?... En fin, un sinnúmero de interrogantes que a veces te impiden avanzar, pero que puedes superar teniendo claridad en tus ideas a través de la organización.

La organización puede ser un generador de paz interior. Estar en un ambiente organizado, con iluminación y limpieza, puede transmitir tranquilidad en momentos difíciles. De hecho, tener un espacio físico ordenado te permitirá reflexionar y estarás satisfecho de lo bueno que es tener todo en su lugar.

Por otro lado, cuando tus metas están claras, puedes tener mayor efectividad al momento de cumplirlas; por eso debes saber cuáles son y qué herramientas vas a necesitar para alcanzarlas. En tu organización, es importante que realices un plan de acción con objetivos claros, de corto, mediano y largo plazo, qué esperas después de ese tiempo, a dónde quieres llegar, entre otros factores.

Con base en mi experiencia, te puedo decir que aplicar el enfoque del orden y la claridad en lo que quieres te llevará a alcanzar la productividad deseada. Recuerda que la organización te empuja a tener resultados de calidad. Las personas buscamos siempre lo mejor, pero depende de nosotros poner todo en el lugar para alcanzar estos objetivos. Solo tú eres quien tiene el poder para orientar tus acciones hacia la consecución de tus logros.

MIS NOTAS

CAPÍTULO V

TÚ ERES EL CAMINO

*«Sabes que estás en el camino correcto cuando pierdes
el interés en mirar atrás».*

Tú eres el camino hacia tu propósito de vida. El tema es que muchos desconocemos esto, es decir, no sabemos qué hacer con nuestras vidas. Debes entender que la vida se trata de intentos y fracasos; consiste en descubrir un propósito de vida que también podrías emprender como un proyecto personal, el cual irás construyendo paulatinamente. Este propósito no tiene fin, así que siempre lo podrás mejorar las veces que sea necesario.

Si entiendes que las realidades se pueden transformar, encontrar el camino se te hará mucho más fácil. Evita que el miedo se apodere de ti y te atrape en la imaginación, pues puede llevarte a cometer errores innecesarios o a dejar de hacer acciones que contribuyan con tu progreso.

Para seguir evolucionando por el camino que te propongas, necesitas de una fuerza interior que te mueva; dicha fuerza será alimentada con alegría y con el ánimo que sentirás tras avanzar por la vía que te llena. Te darás cuenta de que hay un momento en el que tus motivaciones más profundas son fortalecidas, así que empiezas a ser más consciente y a dar tus primeros pasos hacia tu propósito de vida.

Parece sencillo –y en realidad lo es–, solo que la sociedad, el mercado y la contaminación muchas veces te impiden verlo. Sin embargo, empezar a dirigir la vida con consciencia te facilita sentir empatía, reflexionar, dar valor a las acciones y tener una visión más clara de tu meta. Otorgarás un significado a todo lo que realizas y te darás cuenta de que tu existencia tiene sentido.

Cuando comprendes todo esto, sientes un alivio tan grande que es difícil de explicar. Lo cierto es que a lo largo del camino todo se va esclareciendo. De esta forma, consigues despertar una visión ambiciosa y una intuición muy sensible, a través de las cuales llevarás a cabo acciones que te abrirán puertas por tu capacidad, tu amor propio y tu autodeterminación. Serás alguien que persigue sus sueños y los hace realidad. Esa persona en la cual te estás convirtiendo, que empieza a valorarse a sí misma y a poner en segundo y tercer plano a esa sociedad que en algún momento la juzgó, está logrando vivir una vida con propósito.

Esto sirve de gran ayuda para tener un funcionamiento sano, disciplinado y organizado que aporten para el logro de tus metas.

Conquista tus logros

«Lo mejor que podemos hacer es empezar ahora, con lo que tenemos y desde donde estamos».

Siempre me lo repito. En estos tiempos, solemos estar acostumbrados a configurar la mayoría de las cosas que usamos, como el teléfono, la computadora o la tableta. De hecho, nuestro carácter también puede ser configurado de acuerdo a lo que cada uno necesita para conquistar la meta. Tener un propósito ayuda con esa configuración.

Comprender nuestro objetivo a temprana edad contribuye con la formación de una personalidad fluida que entiende cómo relacionarse con los demás. Verás tus esfuerzos con sentido, tu vida será un desafío que se transformará en una sucesión de conquistas para acercarte a tu propósito. Además de ser un generador de confianza contigo mismo y con los demás, desarrollarás una relación fuerte con tus padres.

Tener un propósito de vida a temprana edad es el camino para superar las adversidades. Imagina atletas olímpicos en una carrera, verás algunos que se tropiecen y caigan, pero tienen su meta tan enfocada que eso no será un motivo suficiente para dejar de levantarse y correr mejor.

Si estamos motivados y tenemos un proyecto personal claro, vamos a mantenernos enfocados y disciplinados, conquistando cada desafío que se nos presente en el camino. Tu propósito de vida va de la mano con metas por conquistar y logros por festejar, tendrás responsabilidad social y podrás relacionarte bien con los demás.

Antes de finalizar este capítulo, te invito a interiorizar lo que te comenté al inicio. ¿Qué harías si hoy te levantas y te dicen: «Hoy será el último día de tu vida»? Te invito a anotar cinco cosas que quisieras hacer y a reflexionar en torno a ellas:

1.

2.

3.

4.

5.

...

No vas a morir hoy, ¿por qué no inicias esas cosas que tanto deseas? ¿Por qué esperar a una mala noticia? ¡La vida es hoy!

Salir de la rutina

«Las maravillas de la vida se nos escapan por la cómoda trampa de la rutina».

John Nigro

Todavía recuerdo los días del colegio justo antes de la pandemia. Eran largos y las vacaciones demasiado cortas. Ahora todo pasa rápido, o al menos yo lo veo así. En realidad, mi vida está llena de cosas por cumplir todos los días y el tiempo no me alcanza. He leído que todos tenemos el mismo tiempo, pero la verdad es que a mí me faltan horas para hacer todo lo que quiero. Eso sí, trato de distribuirlo de la mejor manera posible entre mis estudios, mi formación, mi recreación, el deporte, los ejercicios, entre otras cosas, siempre evitando caer en la rutina. Esto es algo que debemos tener presente siempre, pues, para mantener una vida con propósito, las cosas deben fluir, debes estar dispuesto a aceptar los cambios que sean necesarios para avanzar.

Una de las cosas que debes hacer sí o sí es aprender a salir de la zona de confort. No te permitas boicotear tú mismo tu propósito. Siempre ten la tranquilidad de que con voluntad lo vas a lograr. Por supuesto, la pereza y el aburrimiento son sentimientos muy fuertes que te consumen y solo necesitan que una mínima parte de ti los sienta para atraparte. Ten esto presente para que estés preparado y los enfrentes.

Aprovecha cada momento de tu vida. Recuerda que el tiempo es un recurso no renovable y no debemos desperdiciarlo. Aprende que cada día es una oportunidad para aportar algo y llevar a cabo una buena acción cargada de propósito.

Adáptate a los cambios

¿Qué hacer cuando un descubrimiento llega y lo cambia todo? La respuesta es muy simple, puedes hacer lo que decía Stephen Hawking: ***«La inteligencia es la habilidad de adaptarse a los cambios»; es decir, usa tu inteligencia.***

Adaptarse a los cambios es una parte fundamental en el camino hacia tu propósito de vida. Debes tener algo claro: siempre van a surgir cambios, eso es algo que no vas a poder evadir. Por tal motivo, debes estar preparado para ellos. Las cosas pueden cambiar de un día para otro, pero la vida continúa y tú no te puedes quedar de brazos cruzados. Aprende a manejarte frente a estas situaciones repentinas, conservando una estrategia con la que te sientas cómodo. El mundo globalizado de hoy es muy competitivo y si te duermes en tus ideas por no adaptarte, otros serán los que saquen ventaja al actualizar las suyas.

El poder adaptarte a los cambios de manera ágil implica un proceso de preparación, tener flexibilidad mental y saber que debes vivir el ahora de forma fluida, porque la vida no se detiene para cumplir tu agenda. Cada vez tu capacidad para ajustarte a las circunstancias mejorará a través de la práctica y la experiencia; te darás cuenta de que los imprevistos existen y de que en todo cambio algo permanece.

Si te fijas detenidamente, la vida no es estática, está en constante movimiento, por ende, saber fluir junto a tus propias experiencias es fundamental para avanzar. Por un instante, presta atención a tu corazón: sus latidos no paran mientras la sangre fluye. En el momento en que la sangre deje de fluir, el corazón dejará de funcionar y tu vida acabará. Así de importante es saber avanzar con los cambios.

Saber fluir implica no etiquetarte bajo una personalidad estática sin opción a ser diferente. Recuerda siempre que la vida debe continuar y necesitas estar dispuesto a reinventarte, esto también es parte del proceso en busca de tu propósito de vida.

Una vida sin transformación no progresa. Muchas veces necesitamos que algo se modifique para darnos cuenta de lo mal o lo bien que estábamos. Si estás viviendo un cambio en tu vida en este momento, medítalo, reflexiona en el mismo y déjalo fluir.

Por qué nuestras vidas deben ser fluidas

La expresión **_como anillo al dedo_** puede darnos una idea de cómo las cosas son mejores cuando fluyen. Vivimos en un mundo que no se detiene por nada, por eso nuestro tiempo en esta tierra es limitado y todos debemos estar conscientes de eso. No podemos estancarnos en algo o en alguien si queremos que sucedan cosas interesantes en nuestras vidas. No debemos quedarnos de brazos cruzados esperando a que las cosas nos lleguen; hay que salir a buscarlas. Basado en esto, no se puede negar que la vida misma es la que nos exige movernos. Si quieres salud, camina; si quieres libertad financiera, emprende; si quieres aprender, estudia; en fin, si quieres algo en la vida, nunca te detengas y aprende a fluir.

Debes tener presente que mientras unos descansan, otros trabajan; mientras unos se acuestan, otros se levantan. Eso significa que si queremos ser competitivos y aprovechar nuestro tiempo para tener la mayor productividad en lo que hacemos, resulta indispensable planificar ese tiempo para lograr lo que queremos. Las cosas no llegarán por arte de magia si en verdad queremos cumplir nuestros proyectos.

Nunca te rindas, pues en la vida vas a encontrar altos y bajos. Quizás hoy estés bien, pero quién sabe mañana; lo importante es estar preparado para enfrentar esos desafíos. Mientras más aprendas a fluir, más preparado vas a estar para tomar decisiones en los momentos de incertidumbre.

Ten seguridad y confianza de los pasos que das, aprende a moverte desde dentro de tu ser, pero también a vivir con lo que te rodea. Acepta tu realidad sin rehusarte al cambio. Recuerda que siempre existe la posibilidad de cambiar y ser una mejor persona, enmendar tus errores y seguir adelante; es parte de trabajar en nosotros mismos.

Por eso la vida debe fluir para que avance y no se detenga ante algún error cometido. Piensa en que a veces los errores son necesarios porque nos ayudan a ganar experiencia, en la vida nada sucede sin que aprendas algo. Todo se trata de un proceso de aprendizaje que va por etapas, y cada fase es más importante que la otra. Trata siempre de vivir cada paso que des con determinación; sé muy objetivo en lo que quieres, en lo que buscas y a dónde quieres llegar. Practica esto y verás cómo todo empieza a fluir, pero siempre despierto, activo. Ten presente que dormido y de vago no vas a llegar a ningún lado.

Te invito a aprender a ver las cosas y darte cuenta del proceso hacia tu propósito de vida, sin olvidar compartir lo bueno y el conocimiento que vas adquiriendo. Haciéndolo de esta forma, verás cómo todo fluye, las puertas se te abrirán y seguirás sumando conocimiento de forma natural, porque las buenas acciones se multiplican. Por supuesto, como todo ser humano, tu mente te jugará sucio en ocasiones, pero tu determinación no te dejará ir por los malos pensamientos, porque estarás consciente de que tu tiempo es valioso.

Te aseguro que siempre existirá una oportunidad para volver a empezar.

Aprender a vivir con las adversidades

En varias ocasiones he volado una cometa, por lo que entiendo muy bien este pensamiento de Winston Churchill: ***«La cometa se eleva más alto en contra del viento, no a su favor».*** Todos debemos estar conscientes de que las adversidades forman parte de la vida, son inevitables. A pesar de esto, su impacto puede reducirse. Las malas noticias pueden llegar en cualquier momento, pero depende de ti ser sorprendido o sobrellevarlo.

Es cierto que todas las personas quieren ser felices, y pueden serlo una gran parte del tiempo. No obstante, en la vida debe haber un equilibrio, el cual te ayudará a lidiar con los malos ratos. Las personas muy rara vez aceptamos los malos momentos, siempre pensamos que no es justo que nos suceda a nosotros, pero la realidad es que les pasa a todos, a unos antes, a otros después, pero debemos enfrentar el sacrificio o sufrimiento que conllevan. Depende de nosotros hacer que las dificultades sean experiencias que nos hagan más fuertes y nos den valor para enfrentar nuevos desafíos.

Aprender a vivir con la realidad es esencial. Hay momentos muy difíciles que nos tocará enfrentar, sin embargo, estar preparados para vivir esa experiencia ayudará a que lo malo no sea tan malo, teniendo siempre presente que todo sucede por alguna razón. No negar lo ocurrido y encontrar sentido a las adversidades te permitirá hallar oportunidades en ellas. Entiende que las cosas deben fluir y avanzar; la vida se encargará de poner nuevas oportunidades en nuestro camino. Usualmente, cuando se nos presenta algún problema o nos sucede algo inesperado, se nos hace difícil aceptarlo, pero es importante dar ese primer paso y reconocer nuestra realidad. No sumas nada poniendo las cosas más difíciles para ti y muchas veces para los demás. Recuerda que la vida se trata de tu propósito, así que no pierdas el enfoque. Si no puedes cambiar lo que sucede en el exterior, no importa, tu actitud solo depende de ti y eso es lo que vale.

La confianza

«Más vale pájaro en mano que cien volando».

Refrán

La confianza ha jugado un papel clave para desempeñarme en mi propósito de vida a temprana edad. Fui adquiriéndola desde muy niño. Tengo registros de grabaciones mías desde que tenía un año de edad bailando en público, con una confianza total en lo que hacía, y desde entonces esa seguridad se ha ido fortaleciendo cada día.

Todo lo positivo que podamos hacer nos genera confianza. Cuando sientes seguridad en lo que haces, vas a estar motivado a aprender porque te darás cuenta de que esta habilidad, junto a tu conocimiento, te abrirán puertas. Estarás consciente de que mientras más conocimiento tengas, más determinación tendrás para expresar tus destrezas. Cuando nos sentimos seguros de nosotros mismos y de lo que hacemos, nuestras debilidades no nos detienen.

En el mundo moderno no hay tiempo que perder; es más, si no empezamos a desarrollarnos de manera integral desde temprana edad, ya estamos en desventaja para enfrentar la adultez. Por eso es preciso concentrarnos en desarrollar nuestras fortalezas a su máximo potencial. No cometas el error de pretender ser alguien que no eres, siéntete seguro de ti y ten presente que eres único.

Autoestima saludable desde la infancia

«La autoestima baja es como conducir por la vida con el freno de mano puesto».

Maxwell Maltz

Tener una autoestima saludable y fortalecida te ayuda a crecer con las herramientas necesarias para enfrentar la vida. También te permite desarrollarte bien emocionalmente, con la valentía que necesitas para enfrentar las adversidades que se presenten en el camino. Tener una autoestima fortalecida desde la niñez alejará la depresión, le dará a tu mente la claridad que necesita para que estés enfocado en tu propósito.

Tener una autoestima sana desde temprana edad tendrá como resultado a un joven confiado y seguro de que va a hacer las cosas bien. La autoestima es un pilar fundamental en nuestro crecimiento, que nos ayuda en el desarrollo de nuestras habilidades y nos facilita dar los primeros pasos hacia nuestro propósito de vida.

Una autoestima fuerte nos da la seguridad para explorar diferentes posibilidades. Por supuesto, esto no quiere decir que debas caer en la arrogancia; a veces el exceso de seguridad te puede confundir y, si no sabes manejarlo, puede ser contraproducente.

En mi caso, tener una autoestima saludable me ha ayudado a adquirir la confianza que he necesitado al ser ponente en diferentes instituciones reconocidas de mi país, y me sigue dando la seguridad en lo que hago. Me ha dado la fortaleza de no prestar atención a las malas energías, porque sí las hay y eso debes tenerlo claro.

Recuerda que todos somos diferentes, como la huella dactilar: ¡únicos e irrepetibles! Por lo tanto, mi invitación es a que te mires con amor y compasión, confía en ti mismo y ve por eso que quieres alcanzar en tu vida.

Reflexionar en tus acciones

«El sabio no dice todo lo que piensa, pero siempre piensa todo lo que dice».

Aristóteles

Aprender de las malas experiencias requiere tomarte un momento para reflexionar sobre ellas, y viéndolas desde un punto de vista objetivo, estas no son tan malas, porque te ayudan a mejorar como persona y a reconocer el camino que no debes tomar. En una sociedad tan comercial y materialista, es fácil caer dentro de la burbuja cuando aparentemente las cosas van bien, porque tienes el poder de consumir, pero cuando eso acaba y ya no lo puedes hacer, empiezas a reflexionar y a darte cuenta de las pequeñas cosas que te llenan y te hacen feliz. Por eso nunca te permitas olvidar los detalles que te dan felicidad, porque son esos los que te van a acompañar en los momentos más difíciles.

Aprender a reflexionar tanto de tus errores como de tus aciertos, te hará grande, y dirá mucho del gran individuo que eres o que proyectas ser. Siempre camina acompañado de la humildad, pues el éxito con ella es duradero; sin embargo, el éxito con arrogancia genera envidia y puede ser pasajero. Sé humilde y recuerda que todos somos seres humanos con defectos y virtudes.

Saber reflexionar es un paso muy importante para nuestra formación, ya que te ayuda a reconocer tus fortalezas y debilidades. A veces existen comportamientos nuestros que no agradan a nadie y lo peor es que no nos damos cuenta. Si en cierto momento de tu vida alguien te comenta aspectos sobre tu comportamiento que no te agraden, antes de reaccionar, mejor es reflexionar en el tema, porque de ser cierto, en vez de agravarlo, tendrás la oportunidad de mejorarlo y así crecerás como persona. Negarnos a reflexionar en nuestros actos es negarnos a aceptar que podemos mejorar.

Darnos un tiempo todos los días para analizar nuestros actos es fundamental para avanzar por el camino más acertado hacia donde queremos llegar. Vale destacar que una reflexión objetiva y crítica, sin autodestruirnos, nos dará una perspectiva sobre quiénes somos realmente. Conocer esto es sumamente importante. Recuerda que el conocimiento es esencial para cambiar y avanzar; sin él, simplemente no podríamos hacerlo.

Reflexiones que me ayudaron a encontrar mi propósito

Frases como «**Lento pero seguro**» nos ayudan a reflexionar en que lo principal es hacer las cosas bien. Debemos tener claro que no existe una burbuja que podamos usar para evitar los problemas en la vida. Tampoco hay un límite en la forma en la que podemos ayudar a los demás; no obstante, a la hora de encontrar un propósito nos complicamos. Por tal motivo, te voy a compartir las reflexiones que hice y que me han servido en el camino hacia mi propósito.

1. A temprana edad, **tu ser no está contaminado** por una sociedad oscura, que se basa en el mercado, que le da más importancia al capital económico que al ser humano.

2. **Darte cuenta de lo que te motiva** permite que todos los días sigas adelante y encuentres respuestas para conocer tu propósito de vida a temprana edad.

3. Aprende a **respaldar tus decisiones con fundamento**. En la adolescencia tenemos muchas preguntas y nos sentimos confundidos entre tantas cosas. Es importante investigar, leer y prepararnos para poder fundamentar nuestras decisiones.

4. Pregúntate **cómo, con qué y a quién quieres ayudar** en este mundo. Identifica esas respuestas y lograrás conocer un poco más de tu ser, facilitándote el proceso para encontrar tu propósito de vida.

Puedes adquirir más consciencia a través de las reflexiones que tengas de tus experiencias o de lo aprendido en la vida a través de tu formación. Mientras más educación tengas, más fácil se te hará reflexionar y tomar consciencia de tus acciones o aprendizajes. No es necesario que aprendas todo en un solo día, pero sí es esencial que estés consciente de que debes avanzar constantemente, así sea lento pero seguro.

Ten la valentía de vivir tus sueños

«La única lucha que se pierde es la que se abandona».

Che Guevara

Todos tenemos sueños. Muchas veces pensamos que podemos hacer lo que sea, podemos soñar que somos policías, maestros, superhéroes, *influencers*, deportistas, especialistas en criptomonedas… y así podemos seguir con una larga lista. Estoy de acuerdo en que todos tenemos la capacidad de cumplir nuestros sueños si nos enfocamos y trabajamos en ellos. Sin embargo, muchas veces se va perdiendo el estímulo de seguir soñando. ¿Qué nos sucede?

Sinceramente, pienso que es un grave error de los adultos cuando, desde la infancia, niñez y adolescencia, limitan nuestros sueños. Puede que crean que nos hacen un bien cuando nos obligan a seguir lo que ellos piensan. Nosotros debemos procurar que en nuestra vida adulta, si queremos ganar dinero, sea porque se trata de algo que nos gusta hacer y no porque supuestamente a alguien le resultó.

Muchos opinan –equivocadamente– que a nosotros nos irá bien por ese mismo camino y no es así. Debemos vivir nuestros sueños y tenemos que tener la valentía y la capacidad de decirles a nuestros tutores qué es lo que queremos ser. Podemos permitir que nos den consejos, pero nosotros somos los que debemos evaluarlos y tomar las decisiones sobre nuestro futuro.

No podemos dejarnos guiar hacia una vida que no es la nuestra y destinarnos al fracaso económico o emocional. Cuando pensamos detenidamente sobre nuestro futuro, lo que buscamos es ser lo que queremos, no lo que los demás quieren que seamos para ellos complacerse.

A veces, tener la valentía de seguir tus sueños puede ser la decisión más difícil que tomes, pero siempre va a ser necesario tomarla, sentirte libre y no atarte a algo; esto es lo que te permitirá avanzar. Pregúntate lo siguiente: ¿qué te hace sentir feliz? ¿Qué harías a gusto con tu tiempo, aunque no te pagaran? Las respuestas a esas preguntas son tus sueños y representan tu camino a seguir.

Busca la forma de seguir ese camino y cumple tus sueños. ¡No te rindas! Verás tu propósito de vida en tus sueños. No importa si no tienes recursos, siempre habrá una forma de empezar y continuar por la vía hacia lo que deseas. En un mundo tan globalizado, sea cual sea tu sueño, habrá un mercado para él. Los adolescentes conocemos muy bien que la tecnología ha convertido muchas cosas del mundo en deseos alcanzables, no hay excusas para la conformidad.

Empieza de menos a más, sé consciente de tu tiempo para hacer tu sueño realidad. Prepárate como tengas que hacerlo, ya sea leyendo libros, viendo videos formativos, toma cursos presenciales o en línea, involúcrate en una comunidad que tenga el mismo interés… Usa las herramientas necesarias que te ayuden a avanzar en tus sueños, en tu propósito de vida. Ten presente que llegar a tus metas tomará tiempo, pero tendrá un final feliz.

Ten disciplina para mantenerte positivo en todo momento y aléjate de los que no crean en ti o en tus anhelos. Habrá personas en tu vida que no te apoyen, pero nunca dejes que eso te desanime. Confía en ti. Van a existir días malos, muy malos y debes recordar que nada en la vida es fácil, porque hasta eso toma tiempo y este no se recupera.

Desde el momento en que decidiste seguir tus sueños, deberás estar consciente de que habrá momentos en los cuales vas a tropezar y no vas a tener los resultados esperados, pero eso es algo normal. Lo único que debes tener es la fortaleza de poder levantarte después de caer y saber que lo importante es seguir adelante.

No te compares con los demás. Todos somos diferentes y cada experiencia es única. Siempre va a ser mejor intentar y fallar a nunca haberlo intentado. Independientemente del resultado que tengas al seguir tus sueños, te vas a convertir en un joven más fuerte y preparado para enfrentar sin miedo lo que venga en el futuro.

Nunca perdamos la esperanza

«Mientras tengamos vida habrá esperanza».

Te voy a contar una anécdota. Justo antes de la pandemia, a mi papá no le estaba yendo bien en el trabajo. Se vio obligado a reducir sus gastos y obviamente eso también afectó los que tenía conmigo. Incluso, mis padres tenían que tomar la decisión de si iba a continuar en la misma unidad educativa privada y donde mi papá también había estudiado la primaria. Yo había estado allí desde kínder, así que te puedes imaginar que tenía una vida con los mismos compañeros y muchas historias. En ese momento me encontraba terminando séptimo grado, había pasado ocho años en el mismo centro educativo. Mis padres tomaron la decisión de matricularme en otra institución que costaba menos justo antes de que empezaran las clases. Para colmo, vino la pandemia del COVID-19 y junto a ella llegaron más dificultades económicas. Tuvieron que volverme a cambiar para inscribirme en un colegio fiscal.

Las cosas no fueron tan mal, contrario a ello, mejoraron. Se me empezaron a abrir más puertas conforme iba pasando el tiempo. Cada vez me llegaban más oportunidades y podía activarme mucho más en los temas sociales y de lucha por los derechos de las niñas, niños, adolescente y jóvenes. Me eligieron presidente de curso y al siguiente año me eligieron vicepresidente, y luego, cuando ya íbamos a empezar las clases presenciales, había un colegio que me llamaba mucho la atención por la metodología de enseñanza que empleaba. Estaba consciente de que era muy costoso para la economía de mis padres, sin embargo, percibía una voz interna que me insistía en estudiar ahí, así que empecé a investigar si se podía aplicar para una beca. Afortunadamente, sí.

Después de ingresar la documentación y de haber sido aceptado, me dieron la noticia de que después de una elección de muchos aspirantes y haber pasado por tres pruebas, yo había sido electo como finalista para adquirir la beca. Estaba muy contento, pero aún faltaba pasar por una cuarta prueba final donde debía competir con otros cuatro finalistas. Fue una competencia de tres días, y gracias a las ganas, la perseverancia, la disciplina y un trabajo de formación académica continua, fui el único ganador del cien por ciento de una beca estudiantil por excelencia académica.

Esto me ha ratificado que cuando las cosas fluyen, puedes tener la seguridad de que encontrarás el camino más acertado y lograrás acercarte más hacia tu propósito de vida.

Motivación personal

«Mi futbolista favorito soy yo».

Cristiano Ronaldo

Recuerdo que desde muy temprana edad –aproximadamente desde los diez años– sentía indignación cuando veía basura en las calles. Eso me motivó a empezar a recoger los desechos que encontraba en mi camino. Un día decidí que ya no era suficiente solo con recogerla, sino que debía alzar mi voz de inconformidad con esto y así lo hice.

No lo entendía muy bien, solo sabía que tenía que actuar y así fueron mis primeros pasos hacia mi propósito de vida, comprendiendo que debía tomar responsabilidad incluso de lo que no me gustaba. La respuesta estaba cerca de mí.

Poco a poco fui entendiendo que mi propósito era servir y hacer el bien, sin embargo, en ese camino surgieron muchas preguntas. Sabía que tenía que empezar, pero no sabía cómo ni dónde.

He sido deportista desde los cinco años de edad y protector de los animales desde siempre. Fue entonces cuando la tecnología, mi computadora, el internet y el apoyo de mi familia, combinado con el amor a la naturaleza, los animales y el deporte, me guiaron hacia mi propósito de vida, y mientras más tiempo transcurría, mi visión era cada vez más clara y firme.

Ahora comprendo que mi atracción sobre el propósito de vida me despierta un interés en todo lo que se refiere a la ayuda social; a la lucha por una educación de calidad y gratuita; al acceso libre a un sistema de salud eficiente; tener y vivir una vida sana; y ver la política como una herramienta para servir y hacer el bien.

Cuatro años después cumplí catorce y me di cuenta de toda la experiencia que he obtenido a mi corta edad, a través de miles de horas dedicadas hacia lo que ya tengo claro, mi propósito de vida. Leí algunos libros; vi un sinnúmero de *webinars*; participé en una gran cantidad de talleres y seminarios; realicé algunos proyectos, voluntariados, actividades, activaciones sociales y cursos de formación; pertenezco a varias organizaciones, como Generación MÁS de Unicef Ecuador, la Red Mundial de Jóvenes Políticos, la Organización de Jóvenes *Youthopia*, la Fundación Vidas en Desarrollo, la ONG Amnistía Internacional; di charlas en diferentes presentaciones; fui ponente en varias instituciones destacadas de mi país, como La Asamblea Nacional (segundo poder del estado), La Corte Nacional de Justicia (tercer poder del estado), el Consejo de Participación Ciudadana y Control Social (quinto poder del estado), La Casa de la Cultura, una Academia de Arte, un Instituto Tecnológico, Cumbres, Foros de Latinoamérica y el Caribe; entre otras.

Pero es justo ahora, después del desarrollo personal obtenido hasta este momento, que puedo verlo como una experiencia para compartir con otros, demostrando con ello que sí se puede y que todos lo pueden lograr. Llegar a todos esos momentos ha implicado pasar por infinitas vivencias, donde la confusión, la alegría, la tristeza, las lágrimas, las risas, la tensión y la certeza fueron sentimientos que me acompañaron. Después de preguntarme por qué pienso de esta forma, por qué siento lo que siento y de qué dependen mis emociones, empecé a reflexionar y a procesar mucha información acerca de mí. Fue allí cuando entendí más mis emociones y me di cuenta de que yo y solo yo soy el responsable de darle significado a mis acciones.-

Si buscas paz, tranquilidad, seguridad y confianza, encuentra tu propósito en la vida, pues hacerlo es similar a un superhéroe que descubre sus poderes. Te darás cuenta de que las personas tienen una capacidad infinita para hacer el bien y eso solo lo vas a encontrar dentro de ti; mi corta experiencia así me lo ratifica. Mis días más alegres han sido los que solo yo he comprendido. Es por eso que mi fuerza nace desde mi ser.

Sin embargo, mis días más tristes han sido cuando me he dejado llevar y he hecho las cosas para quedar bien con los demás, porque era lo que otras personas querían ver de mí y no tuve la confianza ni el valor para ser yo mismo.

Por eso te puedo decir con certeza que solo dentro de ti, en lo más profundo de tu ser, de tus ideas, tus sueños y tus pensamientos, tendrás la respuesta sobre cuál es tu propósito.

AIR

CAPÍTULO VI

FUENTES DE INSPIRACIÓN

Todo lo que soy no hubiese sido posible si no me hubiese preocupado por encontrar mi propósito. Una de las cosas que más me sirvió fue tener modelos a seguir. Inspirarse en una persona es ver cómo una vida ejemplar ha exhibido valores y principios de los cuales puedes tomar, los que mejor funcionen para ti.

Igualmente, como te he dicho, los conocimientos que no he adquirido en la escuela los he obtenido mediante valiosos libros, *podcast*, videos, plataformas digitales, entre otras. Estas han abierto mi mente para lograr mi misión y escribir este libro. A continuación, te los detallo:

Personas que me han inspirado

- Mis padres, por ayudarme a formar mis principios y enseñarme valores.
- Mis abuelos, por el amor sincero que siempre han tenido conmigo.
- Cristiano Ronaldo, por su disciplina y constancia.
- Nelson Mandela, por seguir sus sueños y no rendirse.

- Mahatma Gandhi, por su lucha pacífica y sus pensamientos.
- Martin Luther King, por su lucha por la igualdad.
- Rafael Correa Delgado, por su lucha en ayudar a los que menos tienen y aportar al bien común.

Libros

- Cómo ganar amigos e influir sobre las personas - Dale Carnegie
- Economía y Sociedad - Amartya Sen
- El desarrollo como libertad - Amartya Sen
- La fusión dialéctica de las direcciones del método - Fernando Haya
- El Secreto del Éxito - Donald Trump y Bill Zanker
- Ética para Amador - Fernando Savater
- Obama, un líder pragmático, pero no político - Josu Ahedo Ruiz
- Jóvenes y generación 2020 - Rubén Urosa Sánchez
- La Lógica, la física, de la física a la metafísica, la ética, de la ética a la política - Aristóteles
- Carta VII de Platón - Raúl Alfredo Núñez
- Los Secretos del YouTube - The Grefg
- Creadas para durar - James Collins
- Auto Amor - Laura Chica
- Dilemas y Desafíos del Progresismo - Alberto Fernández
- El Camino y la Virtud - TaoTe King
- El pensamiento político de John Locke y el surgimiento del liberalismo - Tomás Várnagy

- El Concepto de lo Político en Nicolás Maquiavelo - Luis Leandro Schenoni
- El arte de la Guerra - Sun Tzu
- El Concepto De Filosofía Política – Leo Strauss

Podcast

- Enciende tu Mente, cuyos creadores son Molo Cibrián (podcaster, licenciado en Comunicación y estudiante de Psicología), Luis Muiño (psicoterapeuta y escritor) y Mónica González (coach e ingeniera).

Canales de YouTube

- *Law of Attraction Coaching*
- LAIN - La Voz De Tu Alma
- Tony Robbins

Plataformas que me han servido en mi formación

- Capacítate para el empleo, de la Fundación de Carlos Slim
- Coursera, un proveedor masivo de cursos abiertos en línea con sede en EE. UU.
- edX, una plataforma de cursos masivos en línea.
- Udemy, una plataforma que ofrece cursos gratuitos en línea.

- www.academia.edu, en esta plataforma he conseguido un sin número de libros en pdf gratuitos.

Mi Instagram es @xaviactivista. Estaré encantado de recibir tus comentarios y responder a tus inquietudes. Cuenta conmigo siempre para servir y hacer el bien.

XAVIER AGUSTÍN JARAMILLO PÉREZ

Es ecuatoriano (de Guayaquil) y activista social desde los diez años. Pertenece a la comunidad Generación Más de Unicef Ecuador, es integrante pasivo de la organización de jóvenes Youthtopia y forma parte de la ONG Amnistía Internacional. Es el primer adolescente en ocupar el cargo de Director Nacional de Educación y Capacitación Integral en  la Red Mundial de Jóvenes Políticos del Ecuador, así como el primero de su edad en ser formador junior de la Fundación Vidas en Desarrollo.

Ha sido invitado a ocupar diferentes cargos en organizaciones de jóvenes. Su labor en diferentes escenarios y su rendimiento escolar le han hecho merecedor de decenas de certificados y reconocimientos.

Al momento de publicar este libro Xavier cursa el décimo grado, para el cual obtuvo una beca estudiantil por excelencia académica. Paralelo a sus estudios, está inscrito en dos academias de formación política en el Ecuador, luego de haber sido acreedor de dos becas de cada institución correspondiente.

BIENETRE
EDITORIAL